घासीराम कोतवाल

घासीराम कोतवाल

विजय तेंडुलकर

अनुवाद

डॉ. दामोदर खड़से

वाणी प्रकाशन

प्रकाशन के उत्कृष्टतम 62 वर्ष

सजिल्द पहला संस्करण : 2019
सजिल्द दूसरा संस्करण : 2025

vaniprakashan.com

वाणी प्रकाशन

4695, 21-ए, दरियागंज, नयी दिल्ली-110 002

फ़ोन : + 91 11 23273167, 23275710

शाखाएँ

अशोक राजपथ, पटना-800 004, बिहार

कॉफ़ी हाउस कैम्पस, महात्मा गांधी मार्ग, प्रयागराज-211 001, उत्तर प्रदेश

महात्मा गांधी अन्तरराष्ट्रीय हिन्दी विश्वविद्यालय, वर्धा-442 001, महाराष्ट्र

sales@vaniprakashan.in
vaniprakashan@gmail.com

Ghasiram Kotwal
by Vijay Tendulkar
Translated from Marathi to Hindi by Dr. Damodar Khadse

ISBN : 978-93-87409-18-7
Play

मूल्य : ₹ 250

जी.एस. ऑफ़सेट, दिल्ली-110 095 में मुद्रित

वाणी प्रकाशन का लोगो मक़बूल फ़िदा हुसैन की कूची से

लेखक का वक्तव्य

'घासीराम कोतवाल' ऐतिहासिक नाटक नहीं है। यह एक नाटक है, सिर्फ़ नाटक!

नाटक सिर्फ़ नाटक ही होता है। एक साहित्यिक कलाकृति के सन्दर्भ में यह कहना कि वह ऐतिहासिक है, या पौराणिक है, या सामाजिक है, बेमानी है। समय बहुत जल्दी सामाजिक को ऐतिहासिक और ऐतिहासिक को पौराणिक बना देता है।

फिर भी इस नाटक की सामग्री—कच्चा मसाला—इतिहास से बटोरी गयी है। इतिहास का क्षीण-सा आधार अवश्य लिया गया है, पर इसके आगे नाटक का इतिहास से कोई सम्बन्ध नहीं है। और यह कच्चा मसाला भी ठीक उसी तरह इतिहास से लिया गया है, जिस तरह समसामयिक जीवन-स्थितियों से भी लिया जाता है। महाराष्ट्र में पेशवाओं का राज था; नाना फड़नवीस पेशवाओं के प्रधान थे; कोई एक घासीराम था; ब्राह्मण थे; मराठा सरकार थी; और ये सब इकाइयाँ अपने-अपने दायरे में बँधी समय के प्रवाह में लकड़ी के लट्ठे की भाँति कभी सटकर तो कभी हटकर, कभी परस्पर को छूती तो कभी टकराती अप्रतिहत प्रवाहित हो रही थीं। उनका यह कार्य-करण उचित था या अनुचित, या उनका मूलभूत अस्तित्व सार्थकतायुक्त था अथवा नहीं, इसकी खोजबीन करना इतिहास का शोध करने वाले व्यक्ति का काम हो सकता है, नाटककार का नहीं। मैं इसी कारण 'घासीराम कोतवाल' को एक अनैतिहासिक नाटक मानता हूँ।

'घासीराम कोतवाल' एक किम्वदन्ती, एक जनश्रुति, एक दन्तकथा है। और दन्तकथा का एक अपना रचना-विधान होता है—झीने यथार्थ को जब हम अपनी नैतिकता से रंजित कर कल्पना

की सहायता से पुनरुज्जीवित करते हैं तो एक दन्तकथा बन जाती है। दन्तकथा गप्प भी है और देखने की दृष्टि हो तो एक दाहक अनुभव भी। दाहक अनुभव ही रचनात्मक साहित्य बन पाता है, इसमें कोई सन्देह नहीं है। परन्तु दन्तकथा क्या होती है और कैसी होती है, इससे ज़्यादा महत्त्व की बात यह है कि हम उसे किस तरह लेते हैं, क्योंकि तभी हम अपनी जाँच-पड़ताल करते हैं। जाहिर है कि यही सबसे मुश्किल होता है; एक गहरी चुनौती है वह। उसे स्वीकारना अपनी साहित्य-निष्ठा का परिचय देना है।

मेरी निगाह में 'घासीराम कोतवाल' एक विशिष्ट समाज-स्थिति की ओर संकेत करता है। वह समाज-स्थिति न पुरानी है और न नयी। न वह किसी भौगोलिक सीमा-रेखा में बँधी है, न समय से ही। वह स्थल कालातीत है; इसलिए 'घासीराम' और 'नाना फड़नवीस' भी स्थल-कालातीत हैं। समाज-स्थितियाँ उन्हें जन्म देती हैं, देती रहेंगी। किसी भी युग का नाटककार उनसे अछूता नहीं रह पायेगा। अपनी प्रकृति के अनुसार वह कभी भव्य-भीषण रूप देकर उन्हें मंच पर उतारेगा तो कभी नृत्य-संगीतमय बनाकर प्रस्तुत करेगा। मैंने जान-बूझकर दूसरी रीति अपनायी है। लोकनाट्क का लचीलापन विख्यात है और दन्तकथा के प्रस्तुतीकरण के लिए सबसे अधिक उपयोगी है। उसमें एक पात्र विशिष्ट मनोवृत्ति का प्रतिनिधि बनकर उभरता है और वह मनोवृत्ति एकदम प्रत्यक्ष तथा परिपूर्ण और अमिश्रित होती है। सतही संश्लिष्टता के रहते हुए भी वह आम दर्शक के सामने बराबर उजागर होकर रहती है। इसके अतिरिक्त उसका अपना एक भदेसपन भी होता है जो भाषा और तमाशा के स्तरों पर स्वयमेव अवतीर्ण होता है। लोकनाट्य की इस विशिष्टता को मैं क्यों छोड़ देता?

लेकिन रचनाकार को अपनी रचना के विषय में ज़्यादा नहीं बोलना चाहिए; रचना स्वयं बोलती है, और वही सत्य है।

निर्देशक का वक्तव्य

डॉ. जब्बार पटेल

इस नाटक में घासीराम और नाना फड़नवीस का व्यक्ति-संघर्ष प्रमुख होते हुए भी तेंडुलकर ने इस संघर्ष के साथ-साथ अपनी विशिष्ट शैली में तत्कालीन सामाजिक एवं राजनैतिक स्थिति का मार्मिक चित्रण किया है। परिणामत सत्ताधारी वर्ग और जन साधारण की सम्पूर्ण स्थिति पर काल-अवस्थापन के अन्तर से विशेष वास्तविक अन्तर नहीं पड़ता। घासीराम हर काल और समाज में होते हैं और हम उस काल और उस समाज में उसे वैसा बनाने वाले और बनाकर मौका ताक उसकी हत्या करने वाले नाना फड़नवीस भी होते ही हैं—यह बात तेंडुलकर ने अपने ढंग से प्रतिपादित की है।

नाना ने घासीराम का उपयोग बड़ी धूर्तता से किया है। पर जब उनका रचा 'राक्षस' पलटकर उन्हीं को चुनौती देने लगता है तो नाना ही उसे नष्ट भी कर देता है। इस दृष्टि से गह नाटक नाना फड़नवीस का ही है, इसमें शक नहीं।

घासीराम एक प्रकार से एक प्रसंग मात्र है जिसे तेंडुलकर ने अपने वक्तव्य की अभिव्यक्ति का एक निमित्त, एक साधन बनाया है। 'घासीराम कोतवाल,' नाटक में नाना फड़नवीस और तत्कालीन पतनोन्मुख समाज के चित्रण द्वारा (जो समय और स्थान की सीमा में नहीं बँधे—जैसा मैं पहले कह चुका हूँ) कुछ राजनैतिक और विशेष सामाजिक स्थितियों के विषय में तेंडुलकर को कुछ सत्य उजागर करने हैं जो सनातन हो गये हैं।

इतिहास के नाना फड़नवीस बौद्धिक प्रखरता से तड़पती हुई शक्ति के रूप में प्रतिष्ठित हैं। किन्तु इस नाटक में केवल घासीराम कोतवाल के प्रसंग की सीमा में घिरे होने के कारण उनका व्यक्तित्व इकहरा दिखायी पड़ता है, उसके दूसरे आयाम सामने नहीं आते। अप्रत्यक्ष रूप

से तेंडुलकर ने इसका भी उसी तरह उपयोग किया है जैसा लोक-नाटकों में होता है जहाँ चरित्र आमतौर पर एक या दो आयाम वाले ही होते हैं। इसीलिए एक प्रसिद्ध मराठी समीक्षक ने इस नाटक को बहुत कुछ पारम्परिक भारतीय नाट्य-रूप उपरूपक जैसा बताया है।

मैंने अपनी प्रस्तुति में इसी बात को केन्द्रीय सूत्र के रूप में माना है। नाटक देखते समय दर्शकों के मन में अनजाने ही यह बात उतरती जानी चाहिए कि सारे-का-सारा समाज ही ढह रहा है, चुक रहा है। यह बात अप्रत्यक्ष नहीं होनी चाहिए। इस नाटक की रचना मराठी रंगमंच के लिए एकदम नयी होने के कारण उसके अभिप्रेत अर्थ को मनचाही अप्रत्यक्ष पद्धति से व्यक्त करने में मुझे बड़ी सुविधा हुई।

किसी प्रतिष्ठित नाटककार ने लोक-नाट्य के स्वरूप में कोई नाटक पहले ढाला नहीं था, इसलिए मैं लोक-नाट्य के लचीले-लोचपूर्ण शिल्पतन्त्र का उपयोग कई प्रकार से खुलकर कर सका।

आदमियों के झूलते परदे की कल्पना रंगमंच के लिए अद्‌भुत है। इस नाटक की सबसे बड़ी युक्ति भी यही है। बारह ब्राह्मण कोरस के रूप में कथा-प्रवाह सँभालते हैं। आवश्यकतानुसार तात्कालिक इकहरी भूमिकाएँ भी निभाते हैं। यह परदा दो खण्डों में बँटता है और क्षण भर में समाज के कई-कई घटकों, इकाइयों के प्रतिरूप में ढल जाता है। घासीराम को कोतवाल के रूप में स्थापित करने वाला यही परदा घासीराम के वध के समय रुष्ट ब्राह्मणों के रूप में रंगमंच पर दीखता है। 'श्री गणराय नर्तन करैं' गाने वाला यही परदा 'गणपति-वन्दना' द्वारा लोक-नाट्य से अपना सम्बन्ध जोड़ता है। कलाकार और भूमिका के बीच एक सूक्ष्म और तरल सम्बन्ध लोक नाट्य की विशिष्टता है। मैंने अपने प्रदर्शन को किसी विशेष लोक-शैली में नहीं बाँधा, वरन्! दशावतार, भारुड़, खेला, तमाशा, पोवाड़ा, वाध्यामुरली, कीर्त्तन आदि शुद्ध मराठी लोक-कलाओं का मिश्रित उपयोग किया है। सरस्वती, लक्ष्मी, गणपति द्वारा दशावतारी आरम्भ होता है। इस समय की आरती के थाल को ही बाद में कीर्त्तन के समय काले टीके (बुक्का) के लिए उपयोग कर इन विभिन्न शैलियों में साम्य दिखाने का मैंने प्रयत्न किया है।

ब्राह्मण-वेशधारी कलाकार प्रेक्षागृह से होकर रंगमंच पर आते हैं। इस प्रकार आत्मीयता उत्पन्न होने के कारण प्रदर्शन का लोक-नाट्य-रूप दर्शकों के मानसिक स्तर तक अधिकाधिक सम्प्रेषित हो जाता है।

नाटक के पहले अंक की गति दूसरे अंक की अपेक्षा धीमी है। लोक-नाट्य के बाह्य स्परूप में ऐतिहासिक व्यक्ति को स्थापित होने

में समय लगना स्वाभाविक ही है, क्योंकि यह सर्वथा नया अनुभव है। नाना फड़नवीस सरीखे इतिहास पुरुष का रंगमंच पर नृत्य-तालबद्ध होकर आना मराठी दर्शक के लिए निश्चय ही धक्का पहुँचाने वाला अनुभव था। इसीलिए दर्शक को इस बात का विश्वास दिलाना था इस नाटक का पात्र नाना फड़नवीस एक लोक-नाटकीय चरित्र मात्र है—ऐतिहासिक नाटकों का प्रामाणिक, सम्पूर्ण व्यक्तित्व नहीं। कुछ समीक्षकों की दृष्टि में यह बात बहुत धीमे-धीमे स्थापित हुई। किन्तु मुझे लगा कि खोखले समाज को निदर्शित कर उसमें नाना के स्थान पर कोतवाली हासिल करने के लिए घासीराम द्वारा नाना के उपयोग की प्रक्रिया आदि का दिग्दर्शन विस्तार पूर्ण होना चाहिए था।

दूसरे अंक की गति तेज थी। पूना के ब्राह्मणों पर अत्याचार करने वाला घासीराम, उस प्रतिशोध के कारण घासीराम का राक्षस में रूपान्तरित होना आदि अग्नि-परीक्षा के दृश्य तक जाकर स्थापित होता है।

नाना के विवाह से लेकर गौरी की मृत्यु तक घासीराम बुहत बेचैन है, लेकिन उसकी बेचैनी नराधम की है। वह ब्राह्मणों को कोठरी में घोंट कर मारना नहीं चाहता था, लेकिन नराधम घासीराम की हत्या उसके अप्रत्यक्ष अपराध का ही फल है—नियति के इस विरोधाभास को तेंडुलकर ने प्रभावशाली ढंग से निरूपित किया है। नियति का ऐसा प्रतिशोध अनेक ऐतिहासिक खलनायकों के प्रसंग में मिलता है।

घासीराम की हत्या के बाद नाना का चतुराई-भरा भाषण धूर्तता और कूटनीति से पूर्ण होने के कारण उनके प्रभुत्व का विलक्षण प्रभाव उत्पन्न करता है और नाना फड़नवीस पुनः नाटक के केन्द्र में आ जाते हैं।

इस नाटक का अंग्रेज पात्र एक दर्शक (ऑब्जर्वर) मात्र है। नाटक के अन्त में वह पिछली चौकी पर बायीं ओर प्रकाशवृत्त में खड़ा है। नीचे घासीराम की हत्या के बाद सामूहिक उत्सव हो रहा है। यह पूना के भावी इतिहास का महत्त्वपूर्ण पूर्वाभास है। यही अंग्रेज घासीराम के कोतवाली प्राप्त करने के समारोह के समय भी एक कोने में खड़ा होकर उसका साक्षी बनता है।

मैंने पहली बार जब नाटक पढ़ा तो लगा यह नाटक संवाद-प्रधान नहीं, अपेक्षाकृत दृश्य-प्रधान है। मुझे ऐसे ही दृश्य बिम्बों (विजुअल्स) द्वारा प्रभाव उत्पन्न करने वाले नाटक की तलाश थी। दूसरी बात बहुत दिनों से मेरे मन में यह थी कि फ़िल्मों में दूरवर्ती (लॉंग शॉट), मध्यवर्ती (मिड शॉट) और समीपवर्ती (क्लोज-अप) चित्रों की तीन-चार

दूरियों और उनके सम्मिश्रण के शिल्प और चातुर्य से जो विशेष प्रभाव उत्पन्न किया जाता है, वह रंगमंच पर भी क्यों न हो? यह नाटक संवाद, नृत्य, संगीत, गति, मात्र दृश्य आदि अनेक खण्डों के योग से अग्रसर होता है। इन सबको जोड़ने वाला सूत्र भी जबरदस्त है। इन सब तत्त्वों के साथ ही यह नाटक 'पूर्ण' लगता है, अतएव काल्पनिक कैमरा हाथ में लेकर ही मैंने इसे साकार करने का प्रयत्न किया। प्रकाश-योजना द्वारा रंगमंच को विभाजित कर दूर और पास के अनेक वांछित प्रभाव रंगमंच पर उत्पन्न किए।

गति और समूहन आदि को मैंने काग़ज़ी तैयारी में ही निर्धारित कर लिया था। मेरी पद्धति में नाटक की प्रदर्शन-प्रति के हर पृष्ठ पर प्रसंग के रेखाचित्र पहले से तैयार रहते हैं। इस नाटक के साठ-पैंसठ पात्रों की गतियाँ स्वतः स्फूर्त न हों, वरन् पूर्व-नियोजित रहें, इसके लिए मैं पूरी तरह तैयार था। इन पात्रों की गतिशैली कठपुतलियों की तरह अपेक्षित थी।

चरित्र की दृष्टि से मैंने जो घासीराम चुना, वह कद में छोटा था। आसपास के 'प्रचंड' व्यक्तियों में वह बौना ही लगना चाहिए था। नृत्य-गतियाँ सरल और सहज, किन्तु लयबद्ध थीं। शास्त्रीय नृत्य का प्रयोग इस लोक-नाट्य में जटिल और अतिपरिष्कृत लगता है। नृत्य-गतियों में लोक-नाट्य की अनपढ़ ऊर्जा का होना आवश्यक था। घासीराम की नृत्यमय मृत्यु-मात्र को ही स्वतःस्फूर्त (इम्प्रोविजेशन) ढंग से प्रस्तुत किया गया। ढोल और नगाड़े की प्रबल ताल को चन्दावरकरजी ने आगे जाकर विशेष ढंग से बढ़ाया, जिससे दृश्य की भीषणता बढ़ी। नाना की नृत्य-गतियों में संयम और प्रभुता का पुट बरकरार था। मुलगुन्दजी ने लावणी की बैठकी लावणी के पदन्यास में ढाला था जो पूरे मराठी रंग वाली थी।

भास्कर चन्द्रावरकरजी ने संगीत के लिए सिर्फ़ चमड़े के साज ही लिए और वे भी प्रदर्शन के साथ-साथ बजवाकर, पहले से रिकॉर्ड करके नहीं। उसमें अपवाद मात्र सुन्दरी वाद्य ही था। नाना गौरी के बाग के दृश्य में और नाना के विवाह के समय सुन्दरी अलग-अलग ढंग से बजायी गयी थी। चन्दरावरकरजी ऑर्गन नहीं चाहते थे, क्योंकि उसमें संगीत प्रचलित नाटकों का-सा असर लोक-संगीत में आ जाता है। नमन, लावणी, पोवाड़ा, वाध्या-मुरली, भारुड़ आदि अपने प्रकृत अनगढ़ ओज के साथ ही गाये गये। गुनगुनाने का उपयोग मराठी

रंगमंच पर पहली बार चन्दरावरकरजी ने किया। मनुष्यों के हिलते परदे की गुनगुनाहट द्वारा भिन्न-भिन्न भावावेग व्यक्त किये गये।

घासीराम की हत्या के बाद उत्सव होता है और फिर मनुष्य का परदा सामने आता है। कथा समाप्त हो चुकी है, इसलिए नाना की भूमिका करने वाला अभिनेता भी इस परदे में सम्मिलित हो जाता है। घासीराम मरा पड़ा है, पर उस अभिनेता के उठने से रसभंग न हो, इसलिए उसे अपवादरूप यथास्थान ही रहने दिया जाता है। तभी सूत्रधार आगे बढ़कर 'श्री गणराय नर्तन करें' ध्रुपद को भैरवी के करुण स्वर में गाकर उस 'कलाकार' को श्रद्धांजलि अर्पित करता है। इस प्रकार से लोक नाटक का पूर्ण शिल्प यहाँ दीखता है और नाना जैसे सत्ताधारी व्यक्ति का पंक्ति में आना भी विशेष अर्थ का द्योतक हो जाता है, क्योंकि जैसा पहले बताया गया, अंग्रेज पीछे खड़ा यह सब देख रहा है। मगर लोक-नाट्य शिल्प से भी अधिक नाटक का यह रूप अधिक गहरे सोचने को विवश करता है।

घासीराम दर्शकों से सीधे बात करता है, प्रभाव को गहन करने के लिए, जो कि ब्रेख्त के विपरीत है, क्योंकि यहाँ घासीराम कथा-सूत्र में बाधा नहीं डालता, न ही वह प्रभाव को मिटाने का यत्न करता है। यहीं रूढ़ लोक-नाट्य से भिन्न शिला का प्रयोग तेंडुलकर ने किया है। वेशभूषा में ऐतिहासिक प्रामाणिकता का यह आग्रह नहीं बरता गया। इससे भी लोक-शैली का प्रभाव जमा रहा। रंगों का चुनाव अवश्य सावधानी से किया गया जिससे समूहन आदि में रंग-मिश्रण की सम्भावना रहे।

अभ्यास तीन-साढ़े तीन महीनों तक हर दिन किया गया, नृत्य, गीत, संवाद—सभी का तालमेल साथ-साथ ही चला। मण्डली का कोई भी कलाकार व्यावसायिक नर्तक या गायक नहीं था। सभी शौक से आते थे—शौकिया थे। यही नहीं, साठ में से पच्चीस तो ऐसे थे जिन्होंने मंच पर इससे पहले कभी पाँव भी नहीं रखे थे। किन्तु उनका श्रम, लगन और आत्मविश्वास प्रबल था। लगनशील कलाकार, नृत्य-निर्देशक, संगीत-निर्देशक और दिर्नेशक के सहयोगी प्रयासकर्म से ही यह अलग ढंग की प्रस्तुति सम्भव हो सकी।[1]

---

1. मूल मराठी नाटक का प्रदर्शन 16 दिसम्बर, 1972 को पूना में 'प्रोग्रेसिव ड्रामाटिक एसोसिएशन' द्वारा भारत नाट्य मन्दिर में हुआ। निर्देशक थे डॉ. जब्बार पटेल।

निर्देशक का वक्तव्य

राजेन्दर नाथ

सबसे पहली चीज़ जिसने मुझे 'घासीराम कोतवाल' के बारे में गहरी दिलचस्पी पैदा की वह थी—इसमें इन्सानी परदे का इस्तेमाल, और यह बात तब की है जब मैंने यह नाटक पढ़ा नहीं था। लेकिन जिन दोस्तों ने पढ़ रखा था उन्होंने इसके बारे में कुछ इस तरह से बात की कि मेरा आकर्षण इस नाटक के प्रति बढ़ता ही गया। यहाँ तक कि जब मैं 'अनामिका' (कलकत्ता) के लिए 'हयवदन' प्रस्तुत करने की तैयारी कर रहा था तो मन में यह हल्का-सा विचार आया कि 'हयवदन' में ही इन्सानी परदे का इस्तेमाल कर लूँ। लेकिन फिर इस प्रलोभन को मन से हटाया—यह सोचकर कि वहाँ उसका इस्तेमाल अनुचित होगा। यह बात है जुलाई 1972 की, और तब तक भी 'घासीराम कोतवाल' मैंने पढ़ा नहीं था और मुझे यह भी मालूम नहीं था कि इसे कब प्रस्तुत करूँगा।

मार्च 1973 में वसन्त देव का यह श्रेष्ठ अनुवाद मुझे मिला। पहली बार पढ़ने पर मेरी अनोखी प्रतिक्रिया हुई। मैं बहुत उत्तेजित था, क्योंकि मुझे विश्वास था कि इस नाटक में एक बहुत अच्छी प्रस्तुति की सम्भावना है। बहुत डर भी लगा। डर उन समस्याओं के कारण जिनका मैंने उस समय अन्दाजा लगाया—व्यय और अभिनेताओं की समस्याएँ। यह बात अब स्वीकार कर सकता हूँ। मैंने इस तरह का नाटक पहले कभी प्रस्तुत नहीं किया था। एक युगीन नाटक, जिसमें गाना है, नाच है और कम-से-कम तीस अभिनेताओं की ज़रूरत है। आम तौर से ऐसा नाटक शौकिया मण्डली की पहुँच से बाहर होता है। मैं यह बात इसलिए कह रहा

हूँ कि शौकिया मण्डलियों के लिए इतना धन जुटाना, इतने अभिनेता इकट्ठे करना, और अभिनेता भी वे जो गा सकें—नाच सकें—बहुत मुश्किल काम है। हालाँकि यह महत्त्वपूर्ण बात है कि अब तक इस नाटक की दो प्रस्तुतियाँ ही हुई हैं—एक मराठी में और एक हिन्दी में—और दोनों ही शौकिया मण्डलियों के द्वारा। नाटक के मूलभूत गुण ही शायद कारण रहे होंगे जिन्होंने जब्बार पटेल और मुझे यह नाटक प्रस्तुत करने के लिए प्रेरित किया।

यह कथन कि नाटक मंच पर ही पूरी तरह जीवन्त होता है 'घासीराम कोतवाल' पर ही पूरी तरह लागू होता है। यह हो सकता है कि एक बार नाटक पढ़ने के बाद इसका सारा अर्थ ठीक-ठाक पकड़ में न आये। ऐसा हो सकता है कि ध्यान नाना और घासीराम के चरित्रों में उलझ कर रह जाये और नाटक के सबसे महत्त्वपूर्ण पहलुओं की ओर ध्यान ही न जाये। इस बात पर बल देना आवश्यक है कि कुछ नाटकों में—शायद महत्त्वपूर्ण सभी नाटकों में—कथा वस्तु सबसे कम महत्त्वपूर्ण होती है। इस नाटक में एक अत्याचारी शासक के शासन के उत्थान-पतन या एक और अत्याचारी शासक के विलासी इतिहास पर जरूरत से ज़्यादा बल नहीं देना चाहिए। वास्तव में इन्हें एक बड़े परिदृश्य के अंशों के रूप में देखना चाहिए। यह बात भी याद रखनी चाहिए कि कुछ नाटकों में कथानक नाटककार के लिए ऐसी खूँटियों से ज़्यादा महत्त्व नहीं रखते जिन पर वह कुछ और ही मुद्दे टाँगता है। यह बात 'घासीराम कोतवाल' पर भी लागू होती है। मैं यह सब इसलिए कह रहा हूँ कि मैं भी नाटक को एक बार पढ़ने के बाद इसके पूरे महत्त्व को नहीं पकड़ पाया था और जो पकड़ पाया तो बार-बार पढ़ने और तेंडुलकर के साथ एक बहुत लम्बी चर्चा के बाद। यहाँ सारा बल एक पतनशील और विलासप्रिय समाज पर है जो घासीरामों को जन्म देता है और उनकी हत्या भी करता है, और साथ ही तानाशाही को एक-दूसरे रूप में सहने के लिए तैयार भी है, अगर उसके उलटे-पुलटे मूल्यों को खरोंच न लगे। यही बात है जो नाटक को एक बार पढ़ने के बाद शायद पकड़ में न आये, और यही वह बात है जो दर्शकों तक पहुँचनी चाहिए—अगर नाटक को समकालीन सन्दर्भ में सार्थक होना है।

यही आधार था जिस पर प्रस्तुति अपने सभी अंगों—संगीत, नृत्य, गति तथा वाक्-विन्यास के साथ नियोजित हुई।

यह एक युगीन नाटक है, सिर्फ़ इस अर्थ में कि इसका समय अठारहवीं शताब्दी के अन्तिम वर्षों का पेशवा-काल है। लेकिन एक महत्त्वपूर्ण अर्थ में यह नाटक इस काल से परे का है। इस युग का वातावरण बताना जरूरी था, पर मैंने बहत प्रामाणिकता का प्रयत्न इतना जरूरी नहीं समझा। सामान्य तौर पर इस युग को निगाह में रखते हुए एच.बी. शर्मा द्वारा वेशभूषा तैयार की गयी, लेकिन मैंने वेशभूषा और हाव-भावों की बारीकियों में प्रामाणिकता लाने की कोशिश नहीं की। यह सम्भव है कि जो लोग इस युग के बारे में ज़्यादा जानते हैं अगर वे नाटक को इतिहास के एक पाठ के रूप में देखें तो वे निराश होंगे। ऐसे लोग हमेशा होते हैं और सच्चाई यह है कि उनमें से कुछ ने नुक्ताचीनी भी की है। परन्तु मेरा उद्देश्य नाटक को प्रभावशाली बनाना था, न कि ऐतिहासिक शुद्धता रखना। यह बात प्रदर्शन के सभी पहलुओं पर लागू होती है। उदाहरण के लिए, संगीत में भी देश-काल को पकड़ने की कोशिश नहीं की गयी। मैंने मोहन उपरेती के लोक संगीत के समृद्ध भण्डार का सहारा लिया और प्रस्तुति की पूरी संरचना की दृष्टि से उसी का इस्तेमाल किया जो ज़्यादा प्रभावशाली और सार्थक था।

जब प्रामाणिकता की बात कर रहा हूँ तो यहीं यह भी बता दूँ कि प्रस्तुति की पूरी संरचना किसी खास पारम्परिक नाट्य-रूप के अन्तर्गत नहीं आती, हालाँकि नाटक में लोकनाट्य के एक से ज़्यादा तत्वों का उपयोग हुआ है—विशेषकर एक अल्पपरिचित कोंकणी लोकनाट्य-रूप और दशावतार का। परन्तु मैंने अपने आप को खुला छोड़ दिया और इस प्रक्रिया में ही चीज़ें सूझती गयीं। आज पीछे देखते हुए यह लगता है कि मेरी पृष्ठभूमि और प्रकृति वाले व्यक्ति के लिए यह निर्णय सही नहीं था। इस प्रक्रिया में आलेख से कम-से-कम एक प्रमुख अन्तर आया है जो मुझे फिर इन्सानी परदे के इस्तेमाल पर ले आता है। लेकिन इससे पहले दो शब्द दृश्य-बन्ध के बारे में।

दृश्य बन्ध (अशोक भट्टाचार्य) मुख्यतः व्यवहार-प्रधान चाहा गया था। यह चारों ओर से ढलान वाला 9X9 का एक चौकोर

प्लेटफॉर्म था जो सामने काफी जगह छोड़ते हुए मंच के केन्द्र में रखा हुआ था। इसमें मुझे दो धरातल और ब्राह्मण-मण्डली के व्यवहार की विभिन्न सम्भावनाएँ दिखीं। हालाँकि वैचारिक दृष्टि से यह भी संप्रेषित करने का उद्देश्य था कि यह प्लेटफॉर्म नगर अथवा समाज का प्रतिनिधित्व करने वाला केन्द्र है, पर दृश्य-बन्ध के वास्तविक प्रयोग से शायद यह विचार सम्प्रेषित नहीं हुआ।

तो अब इन्सानी परदे पर आयें। आलेख में यह इन्सानी परदा बनाने वाले कलाकार कई जगहों पर स्थिर या गतिशील परदा बन जाते हैं, लेकिन प्रदर्शन में इसका इस्तेमाल मूलतः परदे के रूप में नहीं (वस्तुतः तीन-चार जगहों पर ही इसका परदे के रूप में इस्तेमाल हुआ है), बल्कि एक सामूहिक मानवीय उपस्थिति के रूप में हुआ। मेरे विचार में इससे अन्ततः पूरे पतनशीन समाज पर बल देने में मदद मिली, न कि किसी एक पात्र पर। कुछ जगहों पर जहाँ आलेख परदे के व्यवहार की माँग करता था, मैंने दो धरातलों पर निश्चलता (फ्रीज) और गति का साथ-साथ प्रयोग किया। इससे एक ओर तो प्रपंची और पुनीत की सन्निधि को रेखांकित करने में मदद मिली और दूसरी ओर उन उलटे-पुलटे मूल्यों को उजागर करने में जो तत्कालीन समाज को संचालित करते थे और निःसन्देह आज के समाज को भी करते हैं।

यह यहाँ कहना आवश्यक है कि प्रस्तुति में रूप-बन्ध के जो भी परिवर्तन अन्ततः शामिल किये गये, वे तेंडुलकर द्वारा सृजित समृद्ध रूप-बन्ध के आधार के बिना सम्भव नहीं थे।

पूर्वार्द्ध

[एक कतार में खड़े बारह ब्राह्मण गणेश-वन्दना करते हैं। उसके पश्चात गणेश जी का नृत्य करते हुए आगमन।]

सब लोग : *(एक बार इस ओर, दूसरी बार उस ओर झूमकर)* श्री गजराज नर्तन करें।
हम तो पूना के बाम्हन हरें।।

[इस पदांश को बार-बार दुहराते हैं। गणेशजी का नृत्य जारी है।]

बाम्हन हरैं, नर्तन करैं
श्री गजराज नर्तन करैं
नर्तन करैं धरनि धसमसै
सुमिरन करैं कबित्त हुलसै
बाजै मृदंग, चढ़ि रह्यौ रंग
तिरलोक दंग, तिरलोक दंग
मैया सरसुती आवै संग। हो ऽऽ।

[सरस्वतीजी थिरकती हुई आती हैं। गणेशजी और सरस्वती मिलकर नाचते हैं।]

मैया सरसुती आवै संग
तिरलोक दंग, चढ़ि रह्यौ रंग
श्री गजराज किरपा करैं
सात समन्दर पाहन तिरैं
मैया सरसुती बीना कर धरैं
लक्ष्मीजी उत बास करैं
लछमी-सरसुती दोई सौतें

होऽऽ दोईऽऽ सौतें
एक होएँ गजराज चरन पै।

[लक्ष्मी आकर दोनों के साथ नृत्य करती हैं।]

श्री गजराज किरपा कीजै
हम खेल करैं सो जस दीजै
मंगलमूर्ति मोरया, गणपति बप्पा मोरया
मंगलमूर्ति, गणपति बप्पा–

[यही लगातार दुहराते हैं। लय बढ़ाते हैं। 'मोऽरया' के घोष के पश्चात गणेशजी, लक्ष्मीजी और सरस्वतीजी का प्रस्थान।]

पुंडलीक वरदा हाऽरि विट्ठल।
ज्ञानदेव तुकाराम।

[लययुक्त स्वर में झूमकर]

श्री गजराज नर्तन करैं
हम तो पूना के बाम्हन हरैं।

सूत्रधार : *(इशारा करके रोककर)* ह्याँ बिराजैं सहर पूना के बाम्हन। आपको हैं सो करैं बरनन।

पहला : हम वेदान्त सास्त्री।

सूत्रधार : अहा, आप?

दूसरा : बैदराज।

तीसरा : तरक सास्त्री।

चौथा : जोतिमरितंड।

पाँचवाँ : भासा भिसग।

छठा : हम सरदार।

अन्य : हम श्रिंगेरीवारे।

: हम तनजोरवारे।

: हम रामेसुर।

: हम कुम्भकोणम्।

: हम बनारस वारे।

: हम पूना वारे।

सूत्रधार : आहा हा हा–जै होय पिरभू, जै होय!

[मनुष्यों के इस हिलते परदे के किनारे खड़ा एक

ब्राह्मण चोरों की तरह तेज़ी से जाने लगता है।]

सूत्रधार : ओऽ ओऽ ओ म्महाराज—दुबकैं-दुबकैं—

ब्राह्मण : तुपकैं? कौन की तुपकैं! फिरंगियन की कै कुरंगियन की?

सूत्रधार : तुपकैं नाय महाराज, मैं कही दुबकैं-दुबकैं—

ब्राह्मण : हैऽऽ डरपुक्के! दुबकैं-दुबकैं काहे? हम तान छाती जाय रहे।

सूत्रधार : महाराज, पहर भर रात भई, सवारी काँ जा रही?

ब्राह्मण : जरा ऐसेंई?

सूत्रधार : काँ जायेगी गाड़ी?

ब्राह्मण : नैक अगाड़ी।

सूत्रधार : अगाड़ी काँ तल्लक?

ब्राह्मण : तैं जानकैं कहा करैगा रे भल्लक? हट, आगे तै हट। अबेर होय रही। *(जाने को होता है।)*

सूत्रधार : ओऽ म्महाराज!

ब्राह्मण : तेरे मों पे गिरै गाज! जब देखो तब बीच में ठाड़ो! ह्याँ खड़ो, व्हाँ अड़ो? पाजी!

सूत्रधार : वाह जी! काँ ठाड़ौ? औ बीच में काहै के?

ब्राह्मण : बीच में गैल कै, घी के!

सूत्रधार : कौन की गैल बीच ठाड़ो?

ब्राह्मण : म्हारी।

सूत्रधार : आपकी गैल काँ चली?

ब्राह्मण : गैल चली मसान।

सूत्रधार : मैं सोई चलूँगो!

ब्राह्मण : कहै, मैं सोई चलूँगो! अरे अक्कलनासी, तैं काहे चलैगा? व्हाँ मरैगा। तैं तो ह्यईं भला-चंगा। हम जाय रहे। तेरी बातन में फँसै, सौ धँसै *(जाने को होता है।)*

सूत्रधार : *(आदमियों के परदे के पीछे से सामने आकर)* ओऽ म्महाराज!

ब्राह्मण : तेरे पेट में होय खाज! धी के, अब का रहि गयौ?

सूत्रधार : मसान में जावे की इत्ती जल्दी?

ब्राह्मण : तैं का जानै बे पोंगा ऐदी!

सूत्रधार : मसान में का होवै है, महाराज?

ब्राह्मण : बाँस, खपच्ची, खपरा, लकरिया...।

सूत्रधार : तो मैं जरूरई चलूँगो। मोय चैये चार लकरिया, चूल्हो बारवे कौं।

ब्राह्मण : तो फार तैं तेरी मुइयाँ! *(जाने को होता है।)*

सूत्रधार : *(रोककर)* मसान में और का मिलता है?

ब्राह्मण : मसान में भूत मिलता है, भूत!

सूत्रधार : तब तो मैं अबस चलूँगो, मोय चैये चार भूत, बोतल में मूँदबे कौं।

ब्राह्मण : मूँद तैं अपने कौं, अपने बाप कौं, अपनी मैया कौं, डँसै साँप तोकौं। *(जाने को होता है।)*

सूत्रधार : अरे, अरे म्महाराज, तनिक सुनियो!

ब्राह्मण : राँड के, काहे चिचिकाय रह्यो?

सूत्रधार : चौथी भूत भगि गयो—आप आहौ? बोतल में? नई, नई बावनखनी में? नाच-गाना सुनबे कौं?

ब्राह्मण : अएँ? तैं कैसे जानि गयो रे। ठैर भडुए, तेरे मों में बरता कंडा ठूसूँगो रे!

[पीछा करता है। आदमियों के परदे का सहारा लेकर 'खो-खो' का खेल शुरू कर देते हैं। आदमियों का परदा झूम रहा है। एक लय में—'श्री गजराज' वाली लय पर —वहीं पंक्तियाँ दोहराते हुए। ब्राह्मण उसी परदे के पीछे से चला जाता है। कतार के सिरे का दूसरा रोबीला ब्राह्मण जल्दी-जल्दी जाने लगता है। सूत्रधार बीच में आ जाता है। दोनों टकराते हैं।]

ब्राह्मण : ह्य ह्य ह्य ह्य! कौ है तैं भटा आँधरे? तेरे आँखे हैं कि बटन?

सूत्रधार : चूक होय गयी, बाम्हन देवता!

ब्राह्मण : तेरे कछु सरम की संकोच?

सूत्रधार : माफी होय, म्महाराज!

ब्राह्मण : आँखिन के सामनैं ढक्का मारत है तैं, हरामजादा!

सूत्रधार : पाँय लागौं, महाराज!

ब्राह्मण : अबे दमबाज, ह्याँ पेसवा कौ राज, कैमुगलन कौ राज? हम पवित्तर बाम्हन औ तैं भंगी हमैं मारे ढक्का?

सूत्रधार : पै बाम्हनियन कौं तो नायँ मारत!

ब्राह्मण : दरपन में सूरत देख, कमीने! उल्टो उस्तरा लेकैं, खुपरिया छिलवाय कैं, गधा पै बिठाय कैं न घुमाहैं तोय? —बाम्हनियन कौ ढक्का मारत!

सूत्रधार : पै गधा हैई नईं, महाराज?

ब्राह्मण : गधा हैई नईं? पेसवा के राज में गधा ई नईं? अरे, तैं पेसवाई का जानै? मूरख, पेसवा के दिमाक में आवै की देर, एक नईं, सैंकरा मरे गधन की पाँत ठाड़ी दिखायगी।

सूत्रधार : *(उसकी ओर उँगली से इशारा करके)* ऐंसी पाँत ठाड़ी दिखायगी। पैं बाम्हन देवता, काँ जाय रहै?

ब्राह्मण : काहे, तैं कौन रे टोकनहारा?

सूत्रधार : छिमा होय महाराज, ऐंसेंई।

ब्राह्मण : जानहारे कौं टोकबू न करै, असगुन है।

सूत्रधार : चूक भई, महाराज; आनहारे कौं टोके में तो हरजा नायँ?

ब्राह्मण : नायँ।

सूत्रधार : महाराज, घर तैं आय रहे?

ब्राह्मण : पै बावनखनी तौ जाय रहे—*(चौंककर)* हाय हाय हाय हाय; गजब होय गयौ रे—हमको अबेर होय रही—दरसनन कौं जाय रहे।

[कतार की भीड़ में से चला जाता है। आदमियों का परदा 'श्री गजराज' गाता हुआ झूम रहा है। अब कतार खड़े दो-तीन शानदार ब्राह्मण आदमियों के परदे के आगे में जल्दी-जल्दी जाने लगते हैं।]

सूत्रधार : ओ हो हो हो सरदार घोड़ीवाले, गाड़ीवाले, डाढ़ीवाले, ताड़ीवाले—काँ रह जाय?

तीनों : *(एक साथ)* मन्दिर!

सूत्रधार : मन्दिर! अहा हा मन्दिर! मन्दिर में ई बखतै का होय रह्यो?

तीनों : भजन-कीर्तन!

सूत्रधार : कीर्तन में कथा काये की है?

तीनों : *(एक-साथ)* मेनका-बिस्वामित्र की है रे! साँची!

सूत्रधार : कथावाचक महाराज को हैं?

तीनों : महाराज नहीं, महाराजिन।

[तीनों चौंककर चुप हो जाते हैं और मुँह पर हाथ रख लेते हैं।]

सूत्रधार : महाराजिन! महाराजिन कब तैं कथा बाँचन लागी?

तीनों : *(गड़बड़ाकर)* कथा नहीं, नाच!

सूत्रधार : नाच! नाच में कथा कब तैं आय गयी?

तीनों : *(गड़बड़ाकर)* कथा, नायँ, लावनी!

सूत्रधार : लावनी में मैनका-बिस्वामित्र कब तै आय गये?

तीनों : *(गड़बड़ाकर)* मैनका-बिस्वामित्र नाहीं रे, तोता-मैना।

सूत्रधार : हुज़ूर, लावनी कौं नाच-गानौं मन्दिर में कब तैं होअन लागो?

तीनों : *(गड़बड़ाकर)* मन्दिर में नायँ रे मूरख, बावनखनी में। बार की खाल काढ़त है तैं। मुकती थुड़ी-थुड़ी भई। जाय रहे हम, राम-राम!

[कतार में खड़े लोगों के सामने से तेजी से चले जाते हैं। लोगों का परदा घटता जाता है और पीठ करके खड़े लोगों की पंक्ति दिखायी देती है]

सूत्रधार : *(मृदंग के ताल सहित)* रात आय गयी। पूना कौं बाम्हन बावनखनी कौं धायो, बावनखनी कौं धायौ, बावनखनी कौं धायौऽऽऽ—
जहानम कौं धायौ—
कीर्तन माँ धायौ—
पिरभू के दरसन कौं धायो—
रोज जात सो आजहुँ धायो—
बाम्हन बावनखनी कौं धायौ!

[पीठ करके खड़े लोगों का स्थिर परदा अब तक तैयार हो चुका है।]

परदा बनाकर खड़ा जनसमूह : राम शिव हरि
मुकुंद मुरारी
राधेक्रिसन हरि
गोबिन्द मुरली
बावनखनी में जी बावनखनी

मथुराजी उतरी!

[सूत्रधार मृदंग पर लय पकड़ता है।]

सूत्रधार : *(उपर्युक्त गति के जारी रहते)* बाम्हन बावनखनी कौं धायौं अरु बाम्हनी घरैं रही। बाम्हनी घरैं रही, घराई घर मैं सूल सही। बाम्हनी बाट जौवै, आँखिन मैं रैन नसावै। बावनखनी में गुलाबी नामवारी नामी नचनी रहै। वा नचनी कौं ऊँचो कोठा रहै। कोठा पै कैसो-कैसो तमासो होवै करै!

पीठ करके लोग खड़े हैं : मथुराजी उतरी
बावनखनी में जी बावनखनी
मथुराजी उतरी

[पीठ करके खड़े लोगों का परदा टूट जाता है और बावनखनी का कोठा बन जाता है। एक नचनी नाचती हुई आती है। हाव-भाव सहित शृंगारिक नृत्य करती है। उसकी संगत कर रहा है घासीराम, लौंडा बनकर—विवश और हास्यास्पद। लोग शृंगारिक चेष्टाएँ करते हुए निचली सतह पर उतर आये हैं। गुनगुनाते हैं—'मथुराजी उतरी, बावनखनी में;']

ब्राह्मण : *(नाच समाप्त होते ही ज़ोर-ज़ोर से सीटियाँ बजाते हैं और पगड़ी उछालते हैं)* बाम्हन-बाम्हनी कौं नाच होन चैये—बाम्हन-बाम्हनी कौं नाच होन चैये!

[नचनी और घासीराम मुजरा करके परे चले जाते हैं और बाम्हनी-बाम्हनी बनकर आते हैं। ब्राह्मण तुन्दिल है, लम्बी घुटिया। लावनी सहित नृत्य। दर्शक ब्राह्मण पगला रहे हैं, कहकहे लगा रहे हैं। लावनी-गीत चल रहा है।]

आस, तेरी आस, आयी मैं पास, मन उदास ज़रा प्यार करो।
कब आओगे मेरे महल में, दिल खुशहाल करो।

बाकी सब : इसका दिल खुशहाल करो।
कह चूक भई मैं तो प्रेम रंगहि रसानी/पाऊँ कैसे तोहै तोमें बहुतहि रीस रसानी/कल्हि आये औ चल दीन्हे

तुम तो उलटे पाँओं/तरपत पिरान, फुँकै अरमान, चिता सजानी/अब धीर धराओ।

सूत्रधार : *(जरा शोर थमने पर)* रात चढ़त भई, रात चढ़त भई, रात चढ़त भई,
तोप अग्यारा की दगत भई
दो पहर रात ढरि गयी, दो पहर रात ढरि गयी!

पीठ करके बैठे लोग : *(एकत्र होकर कतार बाँधकर खड़े हो जाते हैं, झूमते हुए गुनगुनाते हैं।)* बावनखनी में जी बावनखनी, मथुराजी उतरी, बावनखनी में जी।

सूत्रधार : बावनखनी में बाम्हन रसलिल्ला करै, अरु बाम्हनी घरैं रहबू करै, बाम्हन रमि रह्यो भजन कीर्तन मैं, जहानम मसान मैं। बाम्हन चितचाव सों दरसन-परसन करै, तहाँ बाम्हनी बाकी एकान्त-सेवन करै!

['राधे क्रिसन हरि गोबिन्द मुरली' गनगुनाने वाले झूमते इन्सानी परदे के सामने एक ब्राह्मणी आती है। प्रतीक्षा करती दिखायी पड़ती है। शिन्देशाही पगड़ी धारण कर एक सरदार आता है। काल्पनिक दरवाज़े पर दस्तक देता है। वह दरवाजा खोलती है, सरदार भीतर आ जाता है। दोनों शृंगारिक चेष्टाएँ करते हैं और उसी स्थिति में भीतर चले जाते हैं।]

सूत्रधार : *(मृदंग थपककर)* ह्याँ बाम्हनी एकान्त-सेबन करै, व्हाँ बाम्हनन कौ जमावड़ौं गुलाबी मैया कौं दरसन करै।

पीठ करके खड़े लोग : बावनखनी में मथुराजी उतरी, होऽ बावनखनी में!

[इन्सानी परदे के बीच से पहले वाले ब्राह्मण-ब्राह्मणी के युग्म का नृत्य दिखायी पड़ता है।]

सूत्रधार : ऐंसेंई रात चढ़त भई, रात चढ़त भई, आधी रात होवै कौं आय गयी। वा समै पेसवा के परधान नौकोट नाना सिरीमान, नानासाहबजू फड़नवीस की सवारी गुलाबी के कोठा पै पधारती भई।

[इन्सानी परदा अब सामने को मुड़ता है, झूमता

है और जोर-शोर से गाता है–'मथुराजी उतरी, होऽ बावनखनी में'। हाथ में चाँदी की मुठियावली छड़ी लिए, कलाइयों में चमेली का गजरा धारण कर नाना फड़नवीस तालबद्ध नृत्य करता हुआ प्रवेश करता है। इन्सानी परदे के पीछे से नचनी नाचती हुई आती है। दोनों नाचते हैं। घासीराम दूर खड़ा है, नृत्य के समय के ब्राह्मण की वेशभूषा में।]

समवेत स्वर : राधेक्रिसन हरि
गोविन्द मुरली
रामा सिव हरि
मुकुंद मुरारी!

[नाच जारी रहता है। शेष ब्राह्मण भी नृत्य में भाग लेते हैं। घासीराम भी उतरता है मैदान में। धीरे-धीरे यह नृत्यवृन्द पीछे चला जाता है।

अब अनेक ब्राह्मणियाँ और शिन्देशाही पगड़ी धारण किए हुए उनके यार नाचते हुए आते हैं। दोनों वृन्दों के नाच जारी रहते हैं। उसके बाद ब्राह्मणियाँ और उनके यार नाचते हुए भीतर चले जाते हैं।]

नाना : *(अचानक एक पाँव उठाकर लँगड़ाते हुए)* हय हय हय हय हय–स्स–हा हा हा हा हा!

[गड़बड़ी फैलती है, नाच जारी है–

'राधेक्रिसन हरि गुकुंद मुरारी।' नाना पाँव उठाकर नाच रहा है।]

सूत्रधार : नाचै–नाचै में कहा भयौं रे
नानाजू कौं अंग भंग भयौ रे
पाँय ऊँच-नीच परि गयौ, पाँय मुरचि गयौ!

[नाच जोरों से जारी है। समवेत स्वर में गायन भी। ब्राह्मण वेशधारी घासीराम नाना को एक पाँव पकड़कर नाचते और पीड़ा से व्याकुल होते हुए देखकर आगे बढ़ता है और नाना के सामने झुककर उनके पाँव को अपनी पीठ पर धारण करता है।

नाना आराम महसूस करता है। सब लोग आश्चर्य

से देखते हैं। नाना घासीराम की पीठ पर एक पाँव रखकर खड़ा है और घासीराम विनम्रता से झुका हुआ है। लोग इशारा करके एक-दूसरे से पूछते हैं कि क्या माजरा है।]

सूत्रधार : आपुस में पूछत भए—कहा भयौ? कैसे भयौ? काँ भयौ? गिरी परयौ? डगमगाय गयौ? अरबराय गयौ? —अथवा वाको का नाम, पायँ रपटि गयौ, टेढ़ौ परि गयौ?

सब लोग : *(नाना से)* श्रीमान, क्या भया?

नाना : *(घासीराम की पीठ पर एक पाँव रखकर और छड़ी की मदद से ज्यों-त्यों खड़े होकर)* नहीं, कुछ नहीं, तनिक पाँव मोच खा गया— *(दर्द से)* आहा-यू; *(पाँव तले घासीराम को देखकर मुश्किल से पाँव उठाकर) यह कौन? (घासीराम नाना का दुखता पाँव मय जूते के अपनी हथेली पर रखकर बैठ जाता है।)* पूना के ब्राह्मण दिखते हैं! *(सब लोग देखते हैं।)* उठिए पंडित जी, हम आपसे खुश हैं, आसूदा हैं। *(गले से हार निकालकर दिखाता है।)* पंडित जी, इनाम कुबूल करें! *(घासीराम नहीं लेता।)* पंडित जी, इनाम, तोहफा।

घासीराम : हुजूर, पाया। शमा के करीब परवाना आया। *(नाना के जूतेवाले पाँव की तरफ इशारा कर)* हम जमाने के उजबक आसमान ढूँढ़ा किये। हमारे पहलू में मगर, ईद का चाँद आया। किया, बहुत किया हमने मुकद्दर से गिला। अब ये काम हमने दुश्मनों को सौंप दिया। *(विनम्रता से सिर झुका लेता है।)*

नाना : *(बहुत खुश होकर)* वाह! कैसी शीरीं जुबान है! क्या हाजिर-जवाबी है! जैसे गाढ़ी चाश्नी! उठो महाराज, उठो। नर्मदा-पार के दिखते हो?

घासीराम : *(उठकर)* श्रीमान!

नाना : नाम?

घासीराम : घासीराम साँवलदास। *(सिर पर चढ़ाया हुआ चोटीवाला विग उतारता है।)*

नाना : खास कन्नौज के बाशिन्दा हैं?

गुलाबी : *(अपने सहज नखरे के साथ)* चारई दिन हुए सिरकार, नचैया है हमारा। निया, परदेशी है, भूखों मर रिया ता! मैंने का, रय जा हैईं, चार कौन तू बी खायगा। बासन भी माँजता है। हजूर, तुनतुनी सोई बजाता है। ऐसे तो हजूर बी हरफन मौला है।

नाना : *(उसके गाल में चिकोटी काटकर)* हूं-हूं, होना ही चाहिए—कोई है? मियाना ऊपर आने दो।

सब लोग : *(मियाने का आकार बनाकर)* श्रीमान, आ गया!

[नाना मियाने में पिराते पाँव सहित बैठने का अभिनय करता है।]

सब लोग : नौकोट नाना मियाने में सवार भए!
नौकोट नाना प्रिस्थान करत भए!

नाना : *(जैसे मियाने में बैठा हो)* अ—कौन हो तुम—हाँ, घासीराम! लो, यह लो।

[हार फेंकता है, घासीराम गुपकता है। नाना मियाने के साथ चले जाते हैं।]

सब लोग : नाना प्रिस्थान करत भए!

सूत्रधार : नानू प्रिस्थान करत भए, पै बाम्हन बाकी रये। बाम्हन बाकी रहे सो सील-मरजाद मरि गयी, भीति भजि गयी, लाज सिकुर गयी, मति भिरष्ट भई। बाम्हनन कौं मन ढरि गयौ, चित्त चलि गयौ।

[गुलाबी को दो-चार जनों ने घेर लिया है, जो उससे गहरी छेड़छाड़ कर रहे हैं। वह शृंगारिक चेष्टाएँ करती हुई नृत्य-भंगिमाओं द्वारा उन्हें रोकने की कोशिश करती है। बाल बिखर जाते हैं, आँचल कन्धे से सरक जाता है। भीतर कोरस जारी है—]

: राधेकिसन हरि मुकुंद मुरारी!

[एक ओर घासीराम नाना द्वारा फेंके गये हार से अत्यानन्दपूर्वक खेल रहा है।]

सूत्रधार : रात सिरानी—भिनसार भयौ—पुन्नागरी में उँजियारौ भयौ—

[ठुमरी का गान शुरू हुआ।]

जागी सारी रतियाँ

नाही समझत पिया
सौतन के संग प्रीत बढ़ाई
अब काहे बनायी झूठी बतियाँ!

[गुलाबी जा चुकी है। एक विंग में से ब्राह्मण और दूसरे विंग में से शिन्देशाही पगड़ी वाले यार कतार बाँधकर रंगमंच पर परस्पर-विरुद्ध दिशाओं में जाते हैं। चेहरे पर रतजगे का असर है। जम्हाइयाँ और अँगड़ाइयाँ। पगड़ियाँ सिर पर ज्यों-त्यों रखी हुई हैं। कदम लड़खड़ाते हैं। जाते-जाते मुड़कर एक-दूसरे की तरफ देखते हैं। घासीराम हार लेकर जाने लगता है। गुलाबी भीतर से बाहर आकर उसे रोकती हैं–ठसक भरी। पल्लू कमर में खोंसकर हार माँगती है। वह इनकार कर देता है। वह माँगती जाती है और उसकी माँग हिंसक होती जाती है– 'हार दे दे, चुपचाप...'। घासीराम फिर भी नहीं देता]

घासीराम : यह मेरा है। नाना साहब ने मुझे दिया है। यह तोहफा मैंने नाना से पाया है। यह मेरा है!

गुलाबी : मैंने तेरे को रक्खा नचैया लौंडा बना के तो तेरे को नाना साहब की जूती दिखी। तू मेरे कोइ टँगड़ी मारता है। वारे मेरा हारवाला! निकाल हार! मेरे को चैये!

[ठसक दिखाती हुई पाँव पटकती है। भीतर की तरफ इशारा करती है। दो-तीन धर्तींगड़े आस्तीनें मोड़कर आते हैं, मृदंग की लय पर। घासीराम हार को सीने से चिपटाकर चिल्लाता है–'यह मेरा है, हार मेरा है!' वे उसे पीटते हैं, हार छीन लेते हैं और उसे गिरा देते हैं।

घासीराम रंगमंच पर सामने की तरफ आ गिरता है। ज़रा देर बाद उठता है, धूल साफ करता है, बाँह से खून पोंछता है, तिलमिलाया हुआ।

मृदंग की लय पर एक गोरे साहब का मियाना मंच पर से भीतर जाता है। मियाना के साथ-साथ दो ब्राह्मण चल रहे हैं। अदब से कुछ कह रहे हैं।

चन्दन-चर्चित ब्राह्मण चिल्लाकर कहता है–'बाजू, बाजू, साहब बहादुर की सवारी जाय रही है। तनिक हटकैं, दबकैं!' अपने उपरने से भीड़ को ठेलता जा रहा है।]

ब्राह्मण : हट्ट् हट्ट्, गधा कहीं का! साहब बहादुर की सवारी आय रही है, देखता नईं? नालायक! जमीन पै लोटता है! *(मियाने के बैठे साहब से)* हमारे मुलुक के लोगों में हजूर। हँः हँः आजकल, क्या नाम वा का, म्यैनर ई नईं है! कसम सरकार की, जो साभिमान से जियैं–बैचकैं खाय गये–हजूर, जरूरई पधारैं, रमने का मजा तो सरकार, भीतर घुसके ई मिलता है। हम हजूर को घुसाता है–तीन कलदार, हजूर!

दूसरा ब्राह्मण : अरे हट, रामभट्ट–हजूर दो–चलिए, हम घुसाएगा।

तीसरा ब्राह्मण : हम हजूर एकई में। चलिए, चलिए! *(दूसरे ब्राह्मण से)* राँड के, तैं चुप रह!

दूसरा ब्राह्मण : *(पहले ब्राह्मण से)* तौसें कौन बात करता है, अघोरी!

पहला ब्राह्मण : पेट-पौसवे हैं हजूर, दोई एक लम्बर के औसर-साधू! आप चलिए। आज रमने में बाम्हनन का सत्कार होयवारा है–सौंधी-सौंधी महकवारा भोज मिलैगा, दच्छिना मिलैगी। चलिए, चलिए।

[आगे-आगे मियाना और साहब और उनके पीछे तीनों ब्राह्मण दौड़ते हुए जाते हैं। इनका पीछा करते हुए अनेक ब्राह्मण गोल बनाकर हड़बड़ाते हुए जल्दी-जल्दी जाते हैं।]

सूत्रधार : पर्वती तरें के रमना में बाम्हनन की भीर भई, भीर भई, भौत ई भौत भीर भई–रमना के भीतरैं पेसवा दच्छिना बाँटन लागे, बाम्हन लडुवा मसकन लागे, लरन लागे, रामरौला करन लागे, गाँठि में दच्छिना खोंसन लागे।

[आस-भरी निगाहों से घासीराम देख रहा है। वह भीतर घुसता है। भीतर घुसे हुए ब्राह्मण फौरन कतार बाँधकर खड़े हो जाते हैं। दो सिपाही बार-बार ब्राह्मणों को ठीक खड़े होने का आदेश देते हैं।

घासीराम एक ओर खड़ा हो जाता है। उसके चेहरे पर भूख लिखी है। सिपाही घासीराम को टोकते हैं।]

पहला सिपाही : ऐ, कौन है तू?

घासीराम : हम कन्नौज शहर के घासीराम साँवलदास।

दूसरा सिपाही : चल हट! हियाँ क्यों आया बे?

घासीराम : बाम्हन का सत्कार लाया, भोज लाया।

पहला सिपाही : अबै तो तेरा हियाँ क्या काम?

घासीराम : हम भी बाम्हन हैं, राम-राम!

दूसरा सिपाही : तू बाम्हन? दिखा, तेरी चुटिया, काँधे की डुरिया, कहाँ हैं तेरे चन्दन का टीका, माथे का खौर?

पहला सिपाही : बोल क्या होता है वेद, चातुर्बरन के भेद?

दूसरा सिपाही : कोई उठाईगीरा दिखता है।

पहला सिपाही : चोर-उचक्का लगता है।

घासीराम : नहीं-नहीं, हम बाम्हन हैं, कन्नौज से आये हैं, आपके शहर पूना में नये-नये आये हैं।

[दक्षिणा पाकर लौटता हुआ ब्राह्मण अपनी फतुही की जेबें टटोलता है और बुरी तरह चीख उठता है–'चोर-चोर–जेब कट गयी–दच्छिना लूट ली–हाय, मैं लुट गयो, मैं डूब गयो–अरे कोई तो बचाओ... ।' कतार में खड़े लोगों का शोर। घासीराम पकड़ में आ जाता है; लोग उसे धुनकना शुरू कर देते हैं। वह अपने को बचाने की कोशिश करता है। सिपाही घासीराम को घसीटकर ले जाते हैं। वह चिल्लाता है–'हमने चोरी नहीं की, हमको नानासाहब के पास ले चलो, हमको नानासाहब से मिला दो।' गोरा साहब रमने के भीतर से आकर यह तमाशा देखता है।]

साहब : ऐ, क्या हुआ? उस आदमी कू क्यूँ मारा?

ब्राह्मण : आदमी नईं हजूर, जेबकतरा हता। राँड की औलाद, बिसने मेरी दच्छिना चुराय ली। बिसके हाथ झड़ जायँ, कीड़े पड़ें, बिसके मक्खियाँ भिनकें, बिसके...!'

साहब : ओ! चोर टो डूसरा ठा। हम उसकू डेखा। रमना के अंडर वौ पिच्चे से आया, टुमारा डाकिना लेके बाग्गया—पुअर फेलो! अच्चा, आ लो...। *(ब्राह्मण को कुछ पैसा देता है।)*

ब्राह्मण : अन्नदाता हैं हजूर, थांक्यू-थांक्यू!

[खुशी-खुशी जाता है। साहब भी चला जाता है। दो-तीन भुक्खड़ ब्राह्मण साहब का पीछा करते हुए जाते हैं। पीछे कतार में खड़े ब्राह्मण मुड़कर 'श्री गजराज, श्री गजराज, श्री गजराज नर्तन करैं' की टेक शुरू कर देते हैं। लहूलुहान घासीराम को दो सिपाही घसीटकर लाते हैं और पटक देते हैं।]

पहला सिपाही : मर स्साले इसी कुठरिया में!

दूसरा सिपाही : चुप्पचाप! नहीं तो बना देंगे गठरिया-पुटरिया हड्डियों की। लगाऊँ हरामी की जाँघों के बीच, खस्सी-सा बिबियाएगा स्साला!

[दोनों आँखें तरेरते हुए चले जाते हैं। सूत्रधार ज़रा वेशभूषा बदलकर आता है।]

सूत्रधार : क्यों म्मालिक! क्या रंग हैं?

घासीराम : *(कराहकर)* मौत आ गयी थी, जी गया।

सूत्रधार : कैसे आना हुआ?

घासीराम : नसीब का फेर है। किस्मत आजमाने को पूना आया; मेरी घरवाली का सुहाग और बेटी की किस्मत, जो भगवान ने बचाया। मगर मैंने चोरी नहीं की।

सूत्रधार : की तो क्या, नहीं की तो भी क्या! इस जगह कोई फर्क पड़ता है क्या? ये कहलाती है कोठरी, याँ बँधती है सबके ठठरी। गुनहगार—अरे, हम गुनहगार, तुम गुनहगार! पड़ा भी रह आराम से, यार! ये गद्दी पत्थर की बेमिसाल, किस्मत से तेरा, प्यारे, येई विसाल। तजरबे की बात सुन, ऐ मेरे दोस्त! कुछ न कह, खून की गरमी की दवा है, इस फर्श की सरदीली सतह!

घासीराम : आप यहाँ आये कैसे?

सूत्रधार : हुज़ूर जैसा मानते हैं, नहीं वैसे। आप कहते हैं। कुछ न

किया, वे लाये हैं। हम कहते हैं, कर-कराके हमी आये हैं। तुम्हारी 'ना' हमारी 'हाँ'। इसी पै तो घूमता सारा जहाँ है। तुम होगे फकत एक चोर, यहाँ तो हजूर डबल चोर, सिपाही बहादुर का रहम अपना जोर। हम जो करें, उसे कहते हैं चोरी हरदम, उनकी तो बदस्तूर जेब गरम। उधर रहम खतम, इधर अपना खेल खतम। ऐसे आये।

घासीराम : मगर मैंने चोरी नहीं की—मैं चोर नहीं हूँ—मैं बाम्हन हूँ—हाँ! कन्नौज का बाम्हन—एक हफ्ता हुआ, यहाँ पूना आया—नसीब आजमाने आया था। यहाँ आबरू लुटा बैठा। ये क्या हुआ? क्या होगा अब मेरी स्त्री का? मेरी लाड़ली बेटी का क्या होगा? सुनेंगे वो लोग तो क्या कहेंगे?

सूत्रधार : जो कहना है, वही तो कहेंगे।

घासीराम : यही न कि मैं चोर हूँ, मैंने चोरी की! अगर ऐसा ही है तो मैं चोर बनूँगा, मैं चोरी करूँगा।

सूत्रधार : अगर सिपाही बहादुर करने दें, तो! चोर आखिर किस पर मुनहसर? सिपाही बहादुर पर! अगर नहीं, तो बेशक हड्डियाँ कुटवाये, कभी तुड़वाये, बाज दफा जमीन में दफ़न करवाए। चोर की कमाई में मिहनत औ' मशक्कत, उसी से होती है सिपाही की फोकटिया बरक्कत। चोर खाकसार, सिपाही परवरदिगार। चोर मामूली चोर, सिपाही सरकारी चोर। चोर को जीना है तो सिपाही को सलाम करे, चोला चढ़ाए, खुश रक्खे। हफ्ते-ब-हफ्ते, बिला नागा। फिर भी, अगर खफा हो जाये, तो प्यारे, तुम्हारा टुकड़ा साफ हो जाये। लात और घूँसों की बारिश होगी, हवालात टुम्हारी हमराज होगी। पलक झपते खेल खतम होगा। न कोई रोएगा, न आँसू बहाएगा। न किसी को याद आयेगी आयेगी तो भला क्यों आयेगी? सीनाजोर चोरों की बस्ती में एक नाचीज चोर की हस्ती क्या? तूफानों, लहरों के रेले को सह पायेगी नुक्ते-सी चींटी क्या? लिहाजा, ऐ मेरे हमदम, तू इससे नसीहत ले, भगवान दरिया-दिल है, तू उसकी शरन ले।

[कव्वाली गाता है मृदंग के ताल पर।]

मालिक की मुहब्बत को शीशा बनाके पी। पीनी हैं ये शराब इसे मुस्कुरा के पी। हम कह रहे हैं, सारे जहाँ को पिला के पी।

[पीछे पीठ करके खड़े ब्राह्मणों की पाँत मुड़कर, पगड़ी उतार कर संगत करती है; कान पर हाथ रखकर। कव्वाली समाप्त होती है तो फिर पीठ करके खड़े हो जाते हैं। सिपाही आते हैं। घासीराम को बलपूर्वक घसीटकर एक कोने में ले जाते हैं और प्रेक्षागार की ओर ढकेल देते हैं। मंच पर ब्राह्मणी, ब्राह्मण, गुलाबी, उसके चमचे, यार, ज़ार–सब लोग खड़े-खड़े तमाशा देखते हैं।]

सिपाही : चलो स्साला! चोर कहीं का, सूअर की औलाद! फिर कभी इस पबित्तर पुन्न नगरी की तरफ रुख करेगा तो गरदन उड़ा देंगे, समझा? ले जा काला मूँ हियाँ से! खबरदार जो लौटके आया पूना। तेरा साया तक न पड़े इस नगरी पै–चल हट–निकल...।

[सिपाही हाथ झाड़कर चल देते हैं मंच पर खड़े दूसरे लोग भी चले जाते हैं। सिर्फ़ घासीराम प्रेक्षागार में, कुचले साँप की तरह फन पटकता हुआ, पड़ा है।]

घासीराम : *(कमरबन्द खोलकर धरती पर पटकता है।)* अरे कमीनो, आऊँगा...मैं फिर पूना आऊँगा। मैं भी किस फौलाद का बना हूँ, दिखाऊँगा–तुम लोगों को नहीं छोड़ूँगा। हूँ तो मैं बाम्हन कन्नौज का, तुमने कर दिया शूद्र घूरे का–आज मैं गुनहगार, जानवर, निकम्मा! हरामियो, ये तुम्हारा ज़िम्मा। हो अगर कोई असल बाप का, तो रोके मुझे, झुकाए, फँसाए। मैं हूँ शैतान, भीतर से हैवान। बाहर से सूअर तो तुमने मुझे बनाया है। मैं आऊँगा, सूअर बनके आऊँगा, शैतान बरके रहूँगा। तुम सबको सूअर बनाऊँगा। इसी पूना में सूअर का राज कायम करूँगा! न करूँ तो थूः घासीराम पर, थूः घासीराम के बाप साँवलदास पर!

[मृदंग पर एक ज़ोरदार तालावर्तन। घासीराम धूल में मुट्ठी पटककर युद्धनृत्य की-सी भंगिमाएँ दिखाता है और पाँव पटकता हुआ प्रेक्षागार में चलता बनता है :

रंगमंच पर ब्राह्मणों का दल मृदंग की लय पर–

'श्री गजराज नर्तन करैं
हम तो पूना के बाम्हन हरे'

कहता हुआ धीमे-धीमे झूम रहा है। गणेश जी का आगमन। वे पालथी मारकर बीचोंबीच बिराजते हैं। दो ब्राह्मण मंडपादि सजाते हैं। ताशा-नगड़िया बज उठती हैं।]

सूत्रधार : *(कीर्तनकार की तरह कन्धे पर उपरना डालकर आता है।)* सो एक समैं मलैच्छ की उपद्र भयो। सौ हियाँ सब हरिभगत मिलिकै विचार कियौ। जो मलैच्छ आयौ है सो धरम द्वेसी है सो कहा कर्त्तव्य है...।

[ताशा-नगड़िया के शोरगुल में उसकी आवाज़ दब जाती है। दिखायी पड़ती हैं उसकी भंगिमाएँ। आख्यानक शुरू हो चुका है। मंच पर खड़े चार जनों को छोड़कर अन्य लोग आख्यानक के श्रोता बन जाते हैं। चार लोग कीर्तनिया साथी बन जाते हैं। भीतर से कुछ ब्राह्मणियाँ आती हैं और श्रोताओं के बीच, लेकिन जरा परे बैठ जाती हैं। नाना फड़नवीस कुछ-कुछ थिरकते हुए आता है। हाथ में फूल लिए हुए हैं। सब लोग खड़े हो जाते हैं। नाना इशारे से सबको बैठने का आग्रह करता है। अब ताशा-नगड़िया की आवाज़ थम जाती है। नाना उच्चासन पर विराजता है। अन्य सब लोग नीचे धरती पर बैठते हैं।

नाना महिलाओं को निहार रहा है; फूल भी सूँघ रहा है। कीर्तन की तरफ़ ज़रा भी ध्यान नहीं है। कीर्तनकार बना सूत्रधार होहा-अभंग गाता है–]

: प्यार के दो बैना नाहीं सोना देगा।

टूटे-फूटे बोल लगें मीठे जैसे मैना।

[नाना की बारीक दृष्टि नारी-समुदाय पर घूम रही है। महिलाओं में चिन्ताजनित सावधानी है। कुछ आँचल, पल्लू सँभालती हैं। कीर्तन की आवाज़ अब सुनायी नहीं पड़ती, सिर्फ़ दृश्य। अभंग एकदम लावनी में बदल जाता है। हरिदास जी लावनी गा रहे हैं–]

: रंगमहल में सेज झुराई
अरे पिया तूने
अरे राजा तूने रात कहाँ रे गँवाई
कौन-सी सौत (तूने) गले से लगाई?

[फिर दोहा-अभंग की ओर मुड़ते हैं।]

: तुका कहे पापी को रे दयादान देना।

[दुबारा लावनी गाते हैं। नाना का शौक बदस्तूर पूरा हो रहा है। आखिरकार आख्यानक की समाप्ति और हरिनाम का घोष 'जय जय रामक्रिसन हरीऽऽ' उच्च स्वर में आरम्भ हो जाता है। नाना टकटकी लगाये एक सुकुमार लड़की को अपलक देख रहा है। लड़की सुन्दर है, सिर झुकाये हुए है, भोली-भाली। कीर्तन समाप्त होते ही सब लोग उठते हैं और कीर्तनकार के चरण छूते हैं। नाना लड़की की ओर मुड़ता है। लड़की कीर्तनकार के चरण छूने के लिए बढ़ती है। चरण छूती है। नाना अपनी जगह से आगे बढ़ने के इरादे से कदम उठाते हैं। सब लोग चले जाते हैं। वह लड़की गणेशजी के पूजन में मनोभावेन मग्न है। नाना नौकर को इशारे से दरवाज़ा बन्द करने को कहता है। कीर्तनकार बना सूत्रधार प्रोसेनियम आर्च से परे जाकर खड़ा हो जाता है।]

नाना : *(फुसलावा भरे स्वर में)* बेटी, क्या चाहती हो? अयँ?

[वह चौंककर मुड़ती है।]

नाना तुम्हारी सारी मनोकामनाएँ पूरी करेंगे।

[उसके कन्धे पर हाथ रखता है; वह बदन चुराती है।]

: अरे, तुम तो शरमाती हो! हँ-हँ-हँ! इसे अपना ही महल समझो, अपना आरामखास। यहाँ कोई नहीं देखेगा। आज पूना शहर में श्रीमान नाना फड़नवीस की तरफ आँख उठाने की हिम्मत कोई नहीं कर सकता।

लड़की : नहीं, वे देखेंगे।

नाना : वो देखेंगे? वो कौन?

लड़की : *(गणेश जी की तरफ इशारा कर)* वो!

नाना : वो! सिद्धि-सदन गणेश? उसकी ओर भी ध्यान न दो। बेटी, उसकी औरतें दो। एक इस पहलू में, दूसरी उस पहलू में। अगर तुम हमारा पहलू आबाद करोगी तो वो कुच्छ नहीं कहेगा।

लड़की : आप बुजुर्ग...!

नाना : सिर्फ़ उम्र में। मगर—हम तो भगत हैं। इस मोहिनी मूरत के दास हैं तो इसी दिलकश सूरत के। तुम्हारी चाँद-सी सूरत हमारे दिल में बस गयी है। ये काली जुल्फें, कँटीली चितवन हमें डस गयी है। तुम नहीं जानतीं बेटी—कि ये लहलही जवानी फिर नहीं आयेगी, ये नशीली बहार कपूर-सी उड़ जायेगी। *(उसके नज़दीक जाकर उसे बाँहों में कसने की कोशिश करता है।)* अरी, तू तो हमारे लिए बेटी की तरह है, पड़ोसी की।

लड़की : *(छिटककर)* मुझ डर लग रहा है।

नाना : हमें तुझ पै प्यार आ रहा है। आहाहा! ये तुम्हारा शरमाना—जान तुम पर निसार है, ये बन्दा ताबेदार है। वस्ल का तलबगार हूँ, तेरे इश्क में प्यारी, बेकरार हूँ। मुझसे बेकली सही न जाये, मेरे सीने में लग जा...!

[उसे पकड़ने को बढ़ता है, वह अपने को बचाती है। नाना बेकाबू हो रहा है। पीछा करता है। वह हिरनी की तरह भयभीत होकर इधर-उधर दौड़ती है और नाना नौकर को पकड़ लेता है। यह नौकर घासीराम है; नौकर की भेशभूषा में खड़ा है। उसने अपना मुँह सोफे के छोर से ढाँप रखा है।]

नाना : *(आँखें मींचकर)* आहो हो हो हो...!

घासीराम : श्रीमान, मैं मर्द हूँ, औरत तो चम्पत हो गयी।

नाना : *(आँख खोलकर, अपेक्षाभंग के कारण अंगार बनकर)* कम्बख्त, तुझे सूली पर चढ़ाएँगे। कोई है? कोई है?

घासीराम : हुज़ूर का हुक्म था, हवेली में कोई न रहे। कोई नहीं है। बन्दा तो पहरे पर तैनात था लिहाजा...।

नाना : बेवकूफ, नालायक...! *(होंठ चबाता है)*

घासीराम : खाकसार दिलगीर है, सरकार!

नाना : दिलगीर! सब चौपट कर दिया—रंग जमने को था, मरदूद, तूने कर दिया भदरंग। तू क्यों आया, बोल?

घासीराम : हुज़ूर खुद-ब-खुद तशरीफ लाये, गुलाम को पकड़ लिया।

नाना : हमें क्या पता था—हाथ आया तो—ह्य ह्य ह्य ह्य! शिकार हाथ से जाता रहा!

घासीराम : दुबारा हाथ आ जायेगा।

नाना : अब क्या हाथ आने चली है वो! अब ख्वाब में ही वस्ल उसका होवे तो होवे। जाहिर में तो मिलने की हमें आस नहीं है!

घासीराम : शिकारी तैयार हो हुज़ूर, शिकार हाजिर है।

नाना : मगर वह तो नहीं...।

घासीराम : वह भी—बल्कि, वहीं!

नाना : वो मिलेगी? मिलेगी वो? आह, क्या कहने हैं उस पुख्ता, ठोस इमारत के रे! तूने देखा था उसे? उभारदार, मुलायम, रसभरी और नरम—ओ हो हो हो इतनी छुईं अंग्रेजी, पर ऐसी एक नहीं। इसकी सानी नहीं रे! कौन थी?

घासीराम : कोई हो हुज़ूर, हुकुम दें तो खिदमत में पेश कर दूँ।

नाना : करेगा तू? हम एहसान मानेंगे—नहीं, बल्कि तुम्हारी खिदमत की कद्र करेंगे। लेकिन कब?

घासीराम : हुज़ूर! कल, परसों, नरसों...।

नाना : आज रात को? अँयू?

घासीराम : मालिक, कोशिश करूँगा, मगर भरोसा नहीं दिला सकता। राह न देखें, बेरंग होने का भय रहेगा।

नाना : नहीं रे, ये रंग अब नहीं उतरने वाला—ये खयाल नहीं ढलने वाला—वो आँख में समायी है, नहीं कुछ देता

दिखायी है—अरे क्या चीज़ थी रे...!

घासीराम : सिर सलामत, तो पगड़ी पचास।

नाना : अगर वो नहीं हैं तो कुछ भी नहीं है। जानेमन। हो अगर आगोश में वो तो ज़ोर तेग का दिखला दें। सारा जहाँ पनाह माँगे, हम हिमालिया को पिघला दें। आहा हा—वो जोबन का उभार, वो चमनजार, वो दो कलियों का शबाब, उन्हें सहलाएँ, उन्हें मसलें...।

घासीराम : *(क्रुद्ध होकर भी शान्त स्वर में)* हुज़ूर, हाथ के पटे को म्यान में दाखिल करें—शिकार कोसों दूर है।

नाना : कल का वादा पक्का न?

घासीराम : कोशिश करेगा गुलाम।

नाना : *(अँगूठी निकालकर देता है)* यह लो। रहने दो, रहने दो हीरे की है। तो फिर? वो मिलेगी, तो तुम्हारी किस्मत जगेगी। समझते हो न?

घासीराम : जी हुज़ूर!

['मंगलमूर्ति मोऽरया' घोषसहित गणेश-विसर्जन का जुलूस आता है। लेज़ियम वगैरा झुनझुनाते हुए। गुलाल उड़ाया जाता है। फिर हाथी-घोड़ों की सवारी; स्वाँगधारी भी आते हैं। एक स्वाँगधारी उग्रता की प्रतिकृति बना आता है, जैसे राक्षस हो। मुखौटा लगाए हुए है। नाना, नौकर अर्थात् घासीराम को गणेशजी की मूर्ति ढँक जाती है। जुलूस गाता-बजाता धीरे-धीरे नेपथ्य में चला जाता है। नाना भी चला जाता है।]

सूत्रधार : *(कीर्तनकार का बाना उतारकर)*

श्री गजराज सिराने हो पूरे सिराने—पूरे सिराने—
नौकोट नाना बोलै, पेसवाई डोलै—पेसवाई डोलै नाना
कौ रोब-दाब बाढ़न लागो—बाढ़न लागो—
सूत्र सोई कहन लागे, नाना सो नाना,
बाकी सब ताली-फटकार जनाना।

कतार में खड़े ब्राह्मण : नाना सो नाना, बाकी सब जनाना!

[एक तेज़ तराना।]

: राधेक्रिसन हरि
गोबिन्द मुरली
रामा सिव हरी!

[‘मुकुंद मुरारी’ यह घोष जारी रहता है। नाना इसी लहरे पर थिरकता हुआ आता है। वह सुकुमार लड़की ज़्यादा शोख, ज़्यादा तैयार होकर नाचती हुई आती है–केवल लय और भंगिमाएँ। नाना को उल्लू बनाने वाली शृंगारिक चेष्टाएँ करती हैं; नाना उस पर लट्टू है। यों, वह हाथ नहीं आती। नौकर अर्थात् घासीराम बार-बार बीच में आ घुसता है। नाना उसकी तरफ एक के बाद दूसरा उपहार उछालता है और लड़की का पीछा करता हुआ नाचता है। मजीरे के ताल पर ब्राह्मणों का घोष जारी रहता है। पीठ करके खड़े ब्राह्मण बगीचे के कुंजों का फॉर्मेशन बनाते हैं। नाना लड़की का पीछा करता हुआ बगीचे में घूमता है।]

: हीराबाग में हो
सारसबाग में
सारसबाग में हो
मोतीबाग में
मथुरा जी उतरी!

[घोष ज़ारों से जारी है। अन्त में नाना चाँदी की मुठियावली छड़ी नौकर बने घासीराम की ओर फेंक देता है और वह और लड़की दोनों नाचते हुए गायब हो जाते हैं। होंठ चबाता घासीराम छड़ी गुपकता है और क्रोधावेश में उसे मोड़ता है।

नाना और लड़की राधा-कृष्ण की भाँति नाचते हुए आते हैं, खड़े हो जाते हैं। सात-आठ कम-उम्र ब्राह्मणियाँ, जो नाना की पत्नियाँ प्रतीत होती हैं, घेरकर गोपियों की तरह नाचती हैं। घासीराम मंच से नीचे प्रेक्षागार में कूद पड़ता है। मंच के दृश्य को

देखकर ठठाकर हँसता है, हँसता रहता है।]

घासीराम : *(चीखकर)* आ गया, अब मेरी मुट्ठी में आ गया—मेरी लाड़ली बेटी—हैवान—। *(सीधे दर्शकों को सुनाता है।)* मिहरबान! गौर से देखो, कैसे अपनी लाड़ली बेटी ललिता गौरी को इस दरिन्दे की दावत बनाया है मैंने! देखो इस बाप को, जो अपनी पेटजाई बेटी से पेशा कराता है! देख लो, कैसे मेरी मासूम बिटिया हरजाई हुई जाती है। वो ठूँठ खूसट, देखो, कैसे उसकी नरम जवानी को चीथ-चीथकर चाभ रहा है।—थूको मुझ पे—मेरे मूँ में पेशाब करो! चीर के दो कर दो मुझे—मगर मैं छोड़ूँगा नहीं! इस पूना शहर में सूअर का राज कायम करके ही दम लूँगा!

[मंच पर ब्राह्मणों का घोष और नाना और लड़की का नाच जारी है।]

: देखो मिहरबान, देखो, घरफूँक तमाशा देखो, सब लोग ताली बजाओ—ताली बजाओ!

[चीखता-चिल्लाता, बड़बड़ाता घासीराम प्रेक्षागार से चला जाता है। मंच पर नाचने वाले भीतर जाते हैं।]

सूत्रधार : नौकोट नाना, गौरी बिना सूना—

सब लोग : सूऽऽना!

सूत्रधार : गौरी न होय तो नाना बेदाना—

सब लोग : बेदाऽऽना!

सूत्रधार : नाना गौरी मै भए, गौरी मै भए—

सब लोग : ललिता गौरी मै भए!

सूत्रधार : घर में वाको चित्त नायँ—

सब लोग : दुआरे वाको चित्त नायँ!

सूत्रधार : काम में चित्त नायँ—

सब लोग : काम में चित्त नायँ!

सूत्रधार : गौरी बिना चलतौऽऽ नायँ—

सब लोग : गौरी बिना निभतौऽऽ नायँ।

सूत्रधार : काम करत-करत नानाजू कामातुर भए—

सब लोग : *(एक बार धीमे से, दूसरी बार जोर से)* कामातुराणाम् न वयस् न लज्जा!

सूत्रधार : पुंडलीक वरदा गौरि विट्ठऽल—

सब लोग : गौऽरि विट्ठऽल। घासीराम तुकाऽराम्!

[सब लोग पृष्ठभूमि में चले जाते हैं और पीठ करके खड़े हो जाते हैं। नाना का प्रवेश। परेशान, निरुपाय। घासीराम आता है।]

नाना : एक बार और, घासीराम, बस एक बार और जालिम!

घासीराम : नहीं पुसाता श्रीमान, हद हो गयी। पानी की लहर सिर से ऊँची हो गयी। डूबकर दम घुटने की नौबत आ गयी। जान बची लाखों पाये। तमाम शहर पै बदनामी के बादल छाये। लोग मेरे बारे में क्या-क्या कहेंगे; हुज़ूर की बदकारी के चरचे उठेंगे। सरकार मियाने पैं सवार होंगे। जनाब घासीराम सड़क नापेंगे। सरकार मियाने पैं अकेले होंगे; मेरे इर्द-गिर्द रिआया के ठठ होंगे। बस्स, अब आगे निभ नहीं सकती; खवासी ज़ियादा हो नहीं सकती। हुज़ूर की इनायत थी; बहुत पाया, मौजों पै सवार हो यहाँ तक आया। अगर कहीं पेशवा सुनेंगे, हमारी जान के लाले पड़ेंगे। श्रीमान, आज से मेरी बेटी हुज़ूर की हवेली में नहीं आयेगी। मैं उसका ब्याह करा दूँगा, लड़का ढूँढ़ रहा हूँ—

नाना : ज़रा सब्र से काम लो घासीराम, कुछ ही दिन और—उसके बाद अगर तुम चाहो तो हमीं अपने एकाध मातहत को गाँठ कर बिटिया के हाथ पीले करा देंगे—।

घासीराम : मुझे मंजूर नहीं।

नाना : घसिए, जानता है नाफरमानी का नतीजा?

घासीराम : जान हाज़िर है! उस बदनामी से यह बेहतर है। ज़रा अन्दाज़ा कीजिए हुज़ूर, लड़की की माँ की हालत का! कुछ भी हो, वह आखिर उसकी औलाद है; नौ माह माँ ने उसे पेट में ढोया है, कैसे-कैसे रंगीन सपनों को सँजोया है!

नाना : हम भी उन्हीं सपनों को देखते हैं। इसीलिए तो तुमसे

कहते हैं कि घासीराम, हमारी तरफ से अपनी धरमपत्नी को दिलासा देना। कहना, हमने उसकी बेटी का ज़िम्मा लिया। उसकी औलाद को हम अपनी औलाद समझेंगे; निहायत शानो-शौकत से उसे पालेंगे, पोसेंगे!

घासीराम : नहीं श्रीमान, सौदा महँगा पड़ रहा है।

नाना : हाय घासी, तू हमारी जान लेने पर आमादा है। कमबख़्त, तू हमारे कलेजे पर छुरी चला रहा है। ज़रा तो सोच!

घासीराम : वही कलेजा न, जो अपना जिस्मानी शौक पूरा करने की खातिर दूसरे की बहू-बेटी को नंगा करके ही ठण्डा होता है?

नाना : घासीराम, हमसे दाँव बदते हो? याद रखना—।

घासीराम : याद है, याद रहेगा। हुज़ूर, गुलाम को इजाज़त दें।

नाना : हम उसे उड़ाके हवेली में लायेंगे—

घासीराम : पेशवा ज़िन्दा है श्रीमान, कहर ढाएँगे।

नाना : आखिर हम करें क्या?

घासीराम : एक ही रास्ता है हुज़ूर। ऐसा कड़ा बन्दोबस्त करना होगा कि रिआया खामोश रहे, बात-बेबात मेरी बेटी का ज़िकर छेड़ उसे बेआबरू न करे।

नाना : वो कैसे होगा?

घासीराम : रिआया का मुँह बन्द करना होगा!

नाना : मगर कैसे?

घासीराम : दवा बतलाएँ? कुबूल करेंगे? आनाकानी तो न करेंगे?

नाना : बतलाओ। मगर पहले उससे विसाल तो करवाओ।

घासीराम : ठीक! श्रीमान, रिआया का मुँह बन्द करने के वास्ते मुझे शहर पूना का कोतवाल मुकर्रर कर दें।

नाना : *(विस्मय से)* कोतवाल! घासीराम, हमारी कोतवाली शहर पूना की रखवाली है!

घासीराम : तो जाने दीजिए, यहाँ किसकी अटकी है?

नाना : घासीराम, इतना आसान नहीं, वह मुश्किल है—

घासीराम : हुज़ूर, नानासाहब के लिए क्या मुश्किल है! शहर पूना में सूरज भी नाना की इजाज़त से निकलता है।

नाना : और कोई तरकीब बताओ—

घासीराम : तरकीब हो या तरतीब, जो है, यही है; अगर ये नहीं है तो ललिता गौरी भी नहीं है। वो आइन्दा आनेवाली नहीं है।

नाना : नहीं-नहीं, घासीराम! उसे ले आओ, कब तलक पहुँचाओगे उसे?

घासीराम : कोतवाली वख्शने का फरमान मय दस्तखतो-मुहर मेरे हाथ आने के बाद! उससे पेश्तर कतई नहीं।

नाना : ज़ालिम, तू हमला करना चाहता है हमें घाटी में घेरकर?

घासीराम : हाँ हुज़ूर, अपनी इकलौती बेटी की घाटी में—

[तेवर ऐसा कि जैसे खून सिर पर चढ़ा हो।]

नाना : *(भयाक्रान्त स्वर में)* घासीराम—।

घासीराम : *(अपने को जब्त कर)* फरमान जारी करें हुज़ूर!

[एक शख्स फरमान की सामग्री लेकर आता है। नाना ज्यों-त्यों दस्तखत करता है। मुहर लगाई जाती है। नाना घासीराम को फरमान सौंपता है।]

नाना : जाओ, उसे ज़रा जल्दी पहुँचाना।

[घासीराम फरमान देखता है। तय करके हिफाज़त से अपने पास रखता है। अदब-कायदे के मुताबिक सलाम करके चला जाता है।]

नाना : *(चेतन होकर मूँछों पर ताव देता है)* जाऽ, घसियारे, कल के छोकरे, तुझे बना दिया हमने कोतवाल! जाऽ, नंगा होके नाच, बजा गाल, मगर इस नाना की चाल तू नहीं जानता। अरे मरदूद! हमने भरी है बन्दूक, राजनीतिवाली, दुनाली। पहले धमाके में चित हो जायेगी लज़ीज़ लौंडिया तेरी; दूसरे धमाके के साथ नाच उठेगी पुण्यनगरी पूरी। अब घसिये! तू बाहरी; परदेसी, हमने तुझे बख्शी है याँ की सबसे ऊँची कुर्सी। जानता है क्यों? ताकि तमाम साजिशें खुद-ब-खुद कट जाएँ, बलवाइयों की धज्जियाँ उड़ जाएँ। अव्वल तो तुम उनमें शामिल हो नहीं सकते। क्यों? तुम बाहरी आदमी हो, परदेसी हो, हमारी दहलीज़ के टुकड़खोर कुत्ते हो। तुम्हारी ज़ंजीर हमारे हाथ होगी; तुम्हें भी तो हमारी ज़रूरत होगी। घासीराम, तुम

चितपावन बाम्हनों से बढ़कर ऐंठू होगे, रोब गाँठोगे, धाक जमाओगे? हमारी गलतियाँ, भूलें तुम्हारे नाम जमा होंगी, हम महफूज़ रहेंगे, बदनामियाँ तुम्हारी होंगी। करने को हम, भुगतने को हमारा कोतवाल! *(खुश होकर)* सुभीता लाखिया, नाना की सेवा में घसिया—और वो गुलाब की रेवड़ी, नरम-नरम ककड़ी-सी वो लड़की हमारे पास—जब चाहा तोड़ा, जब चाहा खाया—वाह नाना, वाह! घासीराम, कोतवाल बनो; बरे रहो, नाना की असीसें लो! बच्चा, खुश रहो! *(मुड़ता है।)*

[डोंडी पीटने वाला मंच पर आगे आता है।]

डोंडीवाला : सुनना होऽऽ! खलक खुदा का, मुलुक पेसवा का, हुकुम पेसवा के परधान नौकोट नाना सिरीमान नानासाहबजू फड़नवीस का! कन्नौजवाले घासीराम साँवलदास को इसी दम सहर पूना का कोतवाल मुकर्रर किया जाता है। पेसवा के परधान का हुकुम मालूम होऽऽ!

[नाना सामने की तरफ, शोर मचाते हुए आनेवाले ब्राह्मणों की भीड़ के पीछे खो जाता है। मंच पर शोर। शोर बढ़ता जाता है। फिर एकदम थम जाता है। एकाएक नौबतें बज उठती हैं। मंच पर खड़े लोग झुककर खड़े हो जाते हैं। कुछ लोग दर्शकों की ओर पीठ किये झुककर सलाम करते हुए आते हैं। सबके बाद घासीराम आता है। कोतवाल की शानदार पोशाक पहने हुए है। सिर पर पगड़ी। चाल में अक्खड़पन। यह दूसरा ही घासीराम है। उग्र किन्तु भव्य...]

[परदा!]

उत्तरार्द्ध

[पूर्वार्द्ध की भाँति बारह व्यक्ति मंच पर खड़े हैं। हाथ में मजीरा। सूत्रधार का प्रवेश। 'श्री गजराज' की धीमी गूँज जारी है।]

सूत्रधार : पुन्ननगरी में घासीराम कोतवाल नियुक्त भए—

अन्य : भऽ एऽ—

सूत्रधार : घासीराम कौ कारबार चालै, कारबार चालै, कारबार चालै—

अन्य : चाऽ लै—

सूत्रधार : गौरी बोलै, नाना डोलै, घासीराम कौ कारबार चालै—

अन्य : कारबार चालै—

सूत्रधार : गौरी नाचै, नाना नाचै, घासीरामजी औसर साधैं—

अन्य : औसर साधैं—

सूत्रधार : घासीराम कोतवाल फरमान कढ़वायौ—

अन्य : फरमान कढ़वायौ—

सूत्रधार : पुराने फरमानन पै कमाल अमल करा जाएगा—

अन्य : जिरूर करा जायेगा—

सूत्रधार : बिला परमिट रण्डीबाजी बन्द!

अन्य : बन्द!

सूत्रधार : घासीराम कोतवाल का हुकुम जारी भया—

अन्य : जारीऽ भया—

सूत्रधार : विला परमिट मुर्दा फूँकना बन्द!

अन्य : बन्द!

सूत्रधार : घासीराम कोतवाल कह्यौ जौ नीच जातवारे की छुई रोटी खाना गुन्हाय है—

अन्य : गुन्हाय है।

सूत्रधार : घासीराम कोतवाल कह्यौ जौ बिला परमिट खस्सी चीरना, पेट गिराना, खानदानी औरत का छिनाली करना, छिनाल की भड़ुआगीरी करना, बाम्हन का बदकारी करना, कोऊ सों छेड़छाड़ करना, चोरी-चपाटी करना, तल्लाकबारी जोरू के संग घरोबा करना, खसम जीता होय हो तो यार को घर में घुसाना, अपनी जात छिपाना, जाली सिक्का ढालना, जान देना—सब गुन्हाय है—

अन्य : सब गुन्हाय है!

सूत्रधार : जो गुन्हाय करेगा सो कड़ी सिजा पायेगा, माफी नईं पायेगा—

अन्य : बिल्कुल नहीं पायेगा!

सूत्रधार : घासीरामजी कोतवाल नित्त नेम सों अग्यारा की तोप दगन कै पाछैं सहर पूना की परकम्मा करन लागे, घूमन लागे, खुद्द अमल-दखल करन लागे, सड़कन पै कोऊ दिखाये तो टोकन लागे, ठोकन लागे, पकरन लागे, मुसकै बाँधन लागे, परमिट जाँचन लागे, कान की मालिस करन लागे, नालिस करन लागे—

अन्य : लाऽगे—

सूत्रधार : जौ नालिस करन लागे सो जेहल भरन लागे—

अन्य : लाऽ गे—

सूत्रधार : गौरी बोलै, नाना डोलै, घासीराम को कारबार चालै—

अन्य : गौरी बोलै, नाना डोलै, घासीराम की कारबार चालै—

सूत्रधार : ता पाछै सिगरी पुन्ननगरी को जियरा धरकन लागे, तासैं हाय-हाय मची—

अन्य : खूब ऽऽऽई मची—

सूत्रधार : सिगरी-सिगरी रात घर में घुसे रहब की जबरई भई—

अन्य : जबर ऽऽ ई भई—

सूत्रधार : बियाही जोरू कै संग सोवै की जबरई भई—

अन्य : खूबई जबर ऽऽ ई भई—

सूत्रधार : बियाहे मरद कै संग सोवै की जबरई भई—

अन्य : जबरई भई जी, जबरई भई—

सूत्रधार : धरम राखवे की, बच्चा जनवे की, सती-सावित्रीपना निभावै की, कहाँ लौ कहैं, जिन्दा रहवे की सोई जबरई भई—

अन्य : जबरई भई जी, जबरई भई—

सूत्रधार : बावनखनी रीति भई, टोहियागीरी समापत भई, भडुआगीरी भिखारिन भई, जाली सिक्कन की रेजगारी कबाड़खानन में भरती भई—

अन्य : भ ऽऽ ई—

सूत्रधार : गौरी नाचे, नाना नाचै, घासीराम को राजई ऐंसैं—

अन्य : राजई ऐंसैं—

सूत्रधार : बिला परमिट सब बन्द!

अन्य : बन्द हुज़ूर, सब बन्द!

[दो मशालचियों और दो सिपाहियों के साथ घासीराम का प्रवेश। सिपाही गश्त की पुकार लगाते हैं। बाहर व्यक्ति घूमकर खड़े हो जाते हैं। सूत्रधार भागने के फिराक में है।]

घासीराम : *(सूत्रधार की कलाई पकड़कर)* बेवकूफ! खूब पकड़ा गया! कहाँ जा रहा है?

सूत्रधार : ऐंसेंई सिरकार।

घासीराम : चोरी करने?

सूत्रधार : न ऽ ईं ऽ सिरकार।

घासीराम : तो फिर? रण्डीबाज़ी करने?

सूत्रधार : नईं सिरकार।

घासीराम : *(तमाचा मारकर)* सच बोच!

सूत्रधार : नईं सिरकार, सच्ची, सच्ची में नईं!

घासीराम : तो कहाँ जा रहा था?

सूत्रधार : हुज़ूर, घर जा रिया ता।

घासीराम : किसके घर? *(मारकर)* सच-सच कह। किस छिनाल के घर जा रहा था?

सूत्रधार : नईं हुज़ूर, अपनेई घर जा रिया ता।

घासीराम : तो इत्ती रात गये तू बाहर क्यों घूम रहा है। *(लात मारकर)* बोल! बोल!

सूत्रधार : सिरकार, दाई को बुलाने गिया ता।

घासीराम : दाई को? कौन है वो जो बच्चा जन रही है?

सूत्रधार : हजूर औरत।

घासीराम : वो आधी रात के वक्त ही बच्चा क्यों जन रही है? *(कोड़ा मारकर)* बोल जल्दी!

सूत्रधार : दिन पूरे हुए हजूर।

घासीराम : कहाँ है वो तेरी दाई?

सूत्रधार : नहीं आयी। कहने लगी, परमिट नईं है। बोली, चार बजे की तोप दगने के बाद आऊँगी।

घासीराम : ठीक! परमिट है तेरे पास? बोल!

सूत्रधार : परमिट तो नईं है सिरकार।

घासीराम : क्यों नहीं है? बिला परमिट रात-बेरात घूमता है तू, मार-मार के चमड़ी उधेड़ दूँगा।

सूत्रधार : रमह करैं सिरकार।

घासीराम : *(घूँसा मारकर)* परमिट क्यों नहीं बनवाया?

सूत्रधार : मालूमई नईं था सिरकार कि औरत के दिन रात में पूरे होएँगे–।

घासीराम : क्या? तेरी औरत तू नहीं जानता कि कब जनेगी? औरत तेरी ही है न! *(मारता है)*

सूत्रधार : हा सिरकार! मारिए मती।

घासीराम : *(सिपाही से)* जा रे, इसके साथ जा। इसके घर जा कर तहकीकात करो। अगर झूठ निकले तो नंगा करके बीस कोड़ा मारना सालें को। चोर, जार, रण्डीबाज़ होवे तो कोठरी में बेंड़कर साले को मिरच की रोटी खिलाना। ले जाओ।

[सूत्रधार और एक सिपाही का प्रस्थान। बाहर आदमी पहले की तरह पीठ करके खड़े हैं। घासीराम मूँछों पर ताव देता है।]

घासीराम : छह महीनों के अन्दर-अन्दर इस लतियल शहर को ठीक करता हूँ। *(यकायक)* यह कैसी आवाज़? दुबारा? फिर एक बार? रात के वक़्त लोग घर में करते क्या हैं?

[बारह आदमियों में से सातवें को दरवाज़ा मानकर उसकी पीठ पर दो-बार दस्तक देता है।]

घासीराम : दरवाज़ा खोलो। खोलो।

[वह आदमी मुड़कर आँखें मलता है।]

सातवाँ आदमी : कौन है जी? क्या काम है?

घासीराम : अन्दर क्या हो रहा है?

सातवाँ आदमी : मालूम नईं।

घासीराम : *(बाँह झकझोरकर)* अबे, सीधे बोल। सच बोल। झूठ बोलेगा तो ज़बान खींच लूँगा। भीतर से काहे की आवाज़ आ रही थीं?

सातवाँ आदमी : आवाज़ काँ ती?

घासीराम : भगवान की कसम खाकर सच-सच बता। हमने अपने कानों से सुनी हैं।

सातवाँ आदमी : तो पूछतेई काय को हो?

घासीराम : *(उसकी चोटी पकड़कर)* सीधे से जवाब दे। नहीं तो एक-एक बाल उखाड़कर रख दूँगा चोटी का।

सातवाँ आदमी : *(छटपटाकर)* क्-कुछ नईं। सच्ची कुछ बी नईं। घर-बारू आदमी के घर में से साब, और कौन-सी आवाज़ आयेगी? हम लोग सो रये ते, जरा आँख खुल गयी तो—

घासीराम : भीतर कौन है?

सातवाँ आदमी : बीवी है साब हमारी।

घासीराम : सच कह रहा है?

सातवाँ आदमी : भगवान कसम। आजई तो पीहर से लौटी है।

घासीराम : *(दूसरे सिपाही से)* जाओ तो। भीतर देखो तो ज़रा। हरामज़दगी दिखायी पड़े तो घसीट के बाहर लाना। *(सातवें आदमी से)* तू यहीं ठहर!

[सिपाही पीठ करके खड़े आदमियों की कतार पार करके भीतर जाता है। घासीराम मूँछों पर ताव देता है।]

घासीराम : एक-एक शोहदे, लफंगे, रण्डीबाज़ की हड्डी नरम करता हूँ। देखता जा तू।

[सिपाही एक खानदानी औरत का हाथ पकड़ कर लाता है। औरत बेतरतीब, बिफरी हुई। ज्यों-त्यों अपने को सँभालती है। सलीके से खड़ी रहती है।]

सिपाही : भीतर थी सरकार।

घासीराम : *(पैनी आँख से देखकर)* खानदानी हो न!
(औरत होंठ चबाकर सिर झुकाकर 'हाँ' कहती है) मंगलसूत्र तो दिखाना। *(वह दिखाती है)* असली है, या दिखावे का? इसका मालिक यही है या कोई और?

औरत : *(ज्यों-त्यों)* येई है।

घासीराम : *(सातवें आदमी और औरत को बारी-बारी से देखकर मूँछों पर ताव देते हुए)* लगता तो नहीं है। क्या सबूत है?

सातवाँ आदमी : सबूत?

घासीराम : *(सिपाही से)* ए! पड़ौसियों को बुलाओ। उठाओ सबको।

[सिपाही पीठ करके खड़े आठवें आदमी की पीठ पर दस्तक देता है। वह मुड़कर उनींदा-सा खड़ा रहता है।]

सातवाँ आदमी : एनु?

[सिपाही अन्य तीन जनों की पीठ ठोंकता है। सब मुड़कर गिरोह बनाकर खड़े रहते हैं।]

सब लोग : *(तमिल, तेलुगु, मलयालम में एक साथ)* आदद्देनु? एक सभ्यविचु? एन्न आच्? सुद्दियेन? एमि आयिन्दि?

[औरत पानी-पानी हो जाती है।]

घासीराम : *(इशारा करके)* यह औरत, यह इसके घर में बरामद हुई है। यह इसकी ब्याहता है? सच-सच बताना, नहीं तो हड्डी-पसली दुरुस्त कर दूँगा—नहीं है न? नहीं न? बोलते क्यों नहीं?

[सब लोग गरदन हिलाकर कहते हैं, 'नहीं है'।]

घासीराम : *(खुश होकर)* यह बात? देखा? हरामी स्साले! *(सिपाही से)* बाँध लो मुश्कें सालों की और पहुँचाओ हवालात में। कल हुआ जाता है दूध का दूध और पानी का पानी। धरम-डुबाऊ, पापी, स्साले!

[सिपाही धकेलकर दोनों को ले जाता है। बाकी लोग जैसे अपने-अपने घर जाने को मुड़ते हैं और पहले की तरह कतार बाँधकर खड़े हो जाते हैं।]

घासीराम : *(मशालचियों से)* देखा, कान हों तो ऐसे हों! आवाज़ होते ही पाप का पता चल जाय। कोतवाली का नाम सुनते ही रिआया की टाँगें काँपने लगें, समझे! चलो।

[घासीराम और उनके साथी चले जाते हैं। पीठ करके खड़े ग्यारहों आदमी घूमते हैं।]

अन्य : जा तरैं सैं घासीरामजी कोतवाल की जुलुस-जबरई सौं अखिल पुन्ननगरी काँपने लागी, डोलन लागी—

सूत्रधार : *(कतार में से निकलकर आगे आता है)* लाऽ गीऽ—।

अन्य : तौं अब कहा करो जाय? जा पै है कछु उपाय?

सूत्रधार : घासीराम की पीठ पै पेसवा के दीवान को पाँय? हाथ लगायें तो पाँय दुचलैंगो। पाँय बचाएँ तौं घासीराम कौ अन्धेर मसकैगो। घासीराम कोतवाल—

अन्य : महाचण्ड भयौ, उद्दण्ड भयौ, बरबण्ड भयौ—

सूत्रधार : वाको गरब-गुमान अकास लौं छायौ—

अन्य : बासुकी कलमलान लाग्यौ—

सूत्रधार : ता पै कछु उपाय?

अन्य : उपाय नायँ!

सूत्रधार : उपाय नायँ? तौ बोलौ, रागा सिब हरी—

अन्य : मुकुंद मुरारी
राधेकिस्न हरि
गोबिन्द मुरली—

[घोष जारी है। पीठ करके खड़े हैं। नाना, गौरी और नाना की बीवियाँ रंग-पंचमी मनाती हुई नाचती हुई आती हैं। सब लोग रंग खेल रहे हैं, खिलखिला रहे हैं, आनन्द में डूबे हुए हैं। रंग-पंचमी की लावनी :]

चलो चलो कुंज गलिन मैं होरी खेलौ प्रिया
गेंद गुलाबी लैके लाल हथेरी
वाही देय चलाई छाती
रंगभरी पिचकारी हाथ लये री
पूरी करौंगी रे मैं रीती
जैसे गोकुल माँहि खेलै श्री हरी
संग सिगरी ब्रज नारी

मन रीझिहैं जद गरैं लगाओ पिया

[नचनी गुलाबी आती है और लावनी पर उत्तान शृंगारिक नृत्य करती है। नाना खुश होकर उसे कलाई से कड़ा उतारकर नजर करता है। गौरी और नाना रस में आकण्ठ डूब गये हैं। डाउन-स्टेज कोने में फौजी वर्दी पहने एक अंग्रेज अफसर आ खड़ा होता है और यह धमाचौकड़ी देखता है। पीठ करके खड़ी कतार मंच पर आगे की तरफ आकर इस दृश्य को कवर कर लेती है। लावनी जारी है। घासीराम और उसके सिपाही पूना में घूम रहे हैं।]

घासीराम : अपनी बीवी और अपने शौहर को छोड़कर अगर कोई दीगर मर्द औरतों के साथ रंग खेलता हुआ दिखाई दे तो फौरन हिरासत में ले लो। नैतिकता की रक्षा करनी होगी, हर सूरत में करनी होगी। बोली बोलते वक़्त जो अश्लील शब्द इस्तेमाल करे, उसे बाँध कर मेरे सामने हाज़िर करो—चाहे बाम्हन होय। सिर्फ़ बोली बोल सकते हैं, गाली नहीं दे सकते। कान खोल के सुनना, आँखें फाड़कर देखना। परमिट जाँचना। समझ गये।

[मय सिपाहियों के प्रस्थान। मंच पर आगे को आये हुए लोगों की कतार टूट जाती है; सब लोग पीछे को जाते हैं। नाना और गौरी की लावनी जारी है। एक औरत घबराई हुई दौड़कर आती है।]

औरत : गजब हो गिया सिरकार, हमारी रच्छा करें। हमारे आदमी को और देवर को कुतवाल के सिपाई पकड़ के ले गिये हैं। मेरे ससुर अन्तै सिधारे हजूर, उनकी अर्थी को चिता पै नईं धरने दे रये हैं। बारने का परमिट बनवाया है। सिरकार असली है, उसको जाली कैते हैं। हम क्या करैं माई-बाप, सुबू से लहास मसान में डली है, कुत्ते जमा हो गिये हैं—अन्नदाता, इंसाफ होय—।

नाना : *(रस में बाधा पड़ने के कारण बिगड़कर)* अरे, कोई है? इस औरत को हटाओ यहाँ से। बगैर इजाज़त भीतर कैसे घुस आयी है? फरयाद-शिकायत सब शहर कोतवाल

के यहाँ, यहाँ नहीं। ले जाओ इसे, भीतर कोई न आने पाये।

[नौकर औरत को बाहर ले जाते हैं।]

नाना : *(लावनी नाचनेवाली से)* हाँ, चलने दो, चलने दो—हाय तेरी अदाकारी, वाह, क्या कहने हैं प्यारी—

[नाच गाना जारी हो जाता है। ताल पर नाचते हुए पीठ करके खड़े लोग मंच पर आगे की ओर बढ़ जाते हैं। नाच कवर हो जाता है। थोड़ी देर बाद रुक जाता है। आगे वाले पगड़ी धारण किये हुए लोग कतार बाँधकर खड़े हो जाते हैं।]

सूत्रधार : दिन पै दिन चढ़त भए, मास पै मास जात भए। एक दिना, पारसाल की भाँति पुन्ननगरी के सास्त्री-पण्डत, आचार-बिदवान, बाम्हन पुरोहित सब कोऊ रमना में जात भए—।

अन्य : रमना में जात भए—रमना में जात भए—।

[घासीराम कतार के बीच में आगे बढ़ता है और सब लोगों को कायदे से खड़ा रखने के बहाने एकाध को धक्का मारता है, धौल जमाता है, गाली देता है। दक्षिणा पाकर तृप्त हुए कुछ ब्राह्मण दूसरी तरफ से आकर भीतर घुसने की कोशिश करते हैं। उनमें से एक अचानक चीख-पुकार मचाना शुरू कर देता है। 'हाय मैं लुट गयौ, मैं लुट गयौ—।' बेहिसाब गड़बड़, शोरगुल। घासीराम तत्परता से मुड़ता है तो चिल्लाने वाला ब्राह्मण के पीछे से आता एक ब्राह्मण घबराकर भागने लगता है।]

घासीराम : पकड़ो—पकड़ो हरामज़ादे को—भागने न पाये—मुश्कें बाँधो रस्साले की—छोड़ना मती—पकड़ो—।

[सिपाही ब्राह्मण के पीछे दौड़ते हैं, कुछ लोग भी। उसे पकड़कर मंच के मध्य ले आते हैं। वह बुरी तरह घबराया हुआ है। रोनी सूरत बनाकर छोड़ने की प्रार्थना कर रहा है।]

घासीराम : मिल गया, जाता कहाँ है! अब तू, बाम्हन की चोरी करता है? *(उसे कसकर तमाचा मारता है)* हरामी!

ब्राह्मण : नईं सरकार—नईं। हमने चोरी नईं करी—राम की सौंह हमने नईं करी—हमने कभूँ बुरा काम नईं करा, हजूर चायँ जिसकी कसम खबा लैं *(हाथ जोड़ता है।)*

घासीराम : इसकी तलाशी लो—।

[तलाशी ली जाती है। माल बरामद नहीं होता।]

घासीराम : हो सकता है, कलदार इसने रास्ते में फेंक दिया हो। जाओ, पता लगाओ जल्दी—*(ब्राह्मण से)* ठहर जा, तुझे रामचन्द्र जी के दर्शन कराता हूँ। कुलनासी, तू समूची बाम्हन-जात को लांछन लगवाता है!

सिपाही : *(लौट कर)* हजूर सड़क पै नईं मिला। ढूँढ़ के हार गये।

घासीराम : नहीं मिला? *(मूँछ पर ताव देकर)* कोई बात नहीं। कट्ठे में पाँव जायेगा साले का तो खुद-ब-खुद बतायेगा। जाता कहाँ है?

ब्राह्मण : *(रो कर)* नईं सरकार, मैंने चोरी नईं करी, मैंने गुन्हाय नईं करा—*(घासीराम के पाँव पकड़कर रोता है।)*

घासीराम : अगर तूने चोरी नहीं की तो वो गरीब बाम्हन क्यों चिल्लाया कि लुट गया। कहाँ है जी वो?

[उसे ढूँढ़ा जाता है।]

सिपाही : सरकार, वो तो दिखई नईं रिया—।

घासीराम : दिख नहीं रहा? यह कैसे हो सकता है? तो वो चिल्लाया ही क्यों?

ब्राह्मण : *(रोते हुए)* इसलिए सरकार, कि वो हमसें अदावत रखता हता, जलता हता—वाके चार अनुष्ठान हमें मिल गये हते—जा में हमारा का दोष? अफवाह हती हुज़ूर कि वो भंगिनन से फँसा है—उसको लगै हमई फैलाई है—हम नईं फैलाई राम की सौंह—हमें का मतलब—उसने हमसे बैर पाला हजूर—मुझकौं छोड़ दीजिए—*(रोता है।)*

घासीराम : *(मूँछ पर ताव देकर)* अच्छी बात है—बाम्हन देवता, तुम अग्निपरीक्षा के लिए तैयार हो?

[ब्राह्मण काँप उठता है।]

बोलो? सच बोलते हो न! तो परीक्षा दो, सबको तसल्ली जो हो जाय।

[ब्राह्मण थरथर काँप रहा है।]

या तो गुनाह मान लो ब्राह्मण देवता, या अग्निपरीक्षा दो। कोई है। इसे हवालात की हवा खिलाओ। कल ब्राह्म-मुहूर्त में इसकी अग्निपरीक्षा का इन्तजाम करो। जाओ, ले आजो स्साले को—।

[ब्राह्मण को घसीटकर ले जाते हैं। घासीराम दूसरी ओर से चला जाता है। कतार बाँध कर खड़े लोग गाने लगते हैं—

'पुंडलीक वरदा हाऽरि विठ्ठल—'

और पीठ करके खड़े हो जाते हैं।

ब्राह्मण अकेला आता है लड़खड़ाता हुआ, और घुटनों में सिर छुपा कर बैठ जाता है। दीनता की प्रतिमूर्ति!]

सूत्रधार : ता पाछैं रात भई—।

अन्य : *(अस्पष्ट स्वर में)* रात भई—

सूत्रधार : रात भई, आधी रात भई, उत्तर रात भई—बाम्हन की आँखिन तैं नींद भजि गयी—

अन्य : भजि गई—।

सूत्रधार : सिपाइयन की फौज आय गई—।

[सिपाही आते हैं। सूत्रधार कथनानुसार मूकाभिनय करते हैं।]

बाम्हन के दायने हात की उँगरियन कौ नख उतार्‌यौ—ऊँगरियन कौं नीम्बू-साबुन सैं धोयौ पसचात् उँगरियन की निसानी दरज करी; पंजा थैलियों में डारिकै मुहरबन्द करी। ऐसै अगिन प्रिच्छा की तैयारी भई—।

अन्य : *(धीमे स्वर में)* ग्यानवा तुकाराम—।

[सिपाहियों का प्रस्थान।]

सूत्रधार : एक पहर बीति गयौ—।

अन्य : बीति गयौ—

[एक व्यक्ति मुर्गे की बोली बोलता है। दूसरा साथ देता है। ब्राह्मण जो बैठे-बैठे सो गया था, जगता है।]

सूत्रधार : अगिन-प्रिच्छा की बेरा आय गयी—
साय मण्डलन की रेखा खिंचि गयी—।

[कतार वालों में से एक मूकाभिनय करता है।]

ऊँ अग्निकुण्डाय नमः।

[अग्निकुण्ड चेताने का मूकाभिनय।]

लुहार आ गयौ। लोहे कौ गोला अग्नि में तपकैं लाल भयौ। गोला लाल लूहर भयौ। लालई लाल भयौ।
ता गोला पै कुस डार्‌यौ, डारतई जरिकैं भसम भयौ—
कुस भसम भयौ, गोला लाल लूहर भयौ—
मुहर जाँचि कै पंजा बाहिर काढ़्यौ—
दोई हातन पै छै पात धरि दियौ—
वापैं घिऊ चुपरि दियौ—
चोरपत्र बाम्हन कैं लल्लाट पै बाँधि दियौ—।

अन्य : ग्यानवा तुकाराम—!

सूत्रधार : कोतवाल की सवारी पधारती भई—

[घासीराम आकर एक ओर खड़ा हो जाता है।]

बाम्हन सौं बियान करवायौ
भंगी सौं एक कुण्ड में जल डरवायौ
दूजै कुण्ड में ढाढ़ी सौं गिरवायौ
जल की सौंह दिवाई—
अग्नि-प्रिच्छा पिरारम्ह भई, अग्नि-प्रिच्छा पिरारम्ह भई—

अन्य : आरम्ह भऽ ई—।

[मन्त्र बड़बड़ाते हैं धीमे स्वर में]—

अभी वेदिम परितः क्लृप्यधिष्ण्याः
समिद्वन्तः प्रान्तसंस्तीर्ण दर्भाः।
अपध्नन्तो दुरितम हव्यगन्धैर-
वैतानास्तवाम् वहनयः पावयन्तु।

[मन्त्रपाठ के दौरान लुहार लोहे का तपा हुआ गोला उठाने का अभिनय करता है। ब्राह्मण के पास आता है। अत्यन्त गम्भीर वातावरण है; वह स्पष्ट होना चाहिए। ब्राह्मण की हथेलियाँ बलपूर्वक फैला दी जाती हैं। काँप रही हैं।]

ब्राह्मण : *(एकदम बकरे की तरह चिल्लाकर)* दया करौ माई-बाप, दया करौ, मेरे हाथ जर जावेंगे, सरकार दया करौ–

घासीराम : *(मूँछ पर ताव देकर अट्टहास कर)* मजबूती से पकड़ना रे उसको। पंजा आगे कराओ उसका– *(सैनिक वैसा करते हैं ब्राह्मण से)* क्यों वे, अब क्यों बिबियाता है? तूने तो हलफी बयान दिया है न?

ब्राह्मण : हाँ सरकार–अपनी सौंह–।

घासीराम : तो क्यों डरता है? परीक्षा तो अब होके ही रहेगी।

ब्राह्मण : नई अनदाता, हमकौं छोड़ देओ–ओ–मैया–री–नईं–नईं–!

घासीराम : परीक्षा होगी! होके रहेगी! तू भी याद रक्खेगा चोरी क्या चीज होती है, समझा? लाओ जी वो पका हुआ लोहे का गोला। हाथ पकड़ना इसके। कसके। चिल्लाये तो भी न छोड़ना। सिंकने देने पक्का। खाल के जलने की गन्ध आनी चाहिए, गन्ध!

[ब्राह्मण बिबियाता है। तपा हुआ गोला उसकी हथेलियों पर रखने का मूकाभिनय। वह एकदम आर्त्त स्वर में चीखता है। गोला छिटकाकर अलग गिराया जाता है। ब्राह्मण लुंज-पुंज होकर गिर पड़ता है, अधमरा-सा। घासीराम यह सब बड़ी दिलचस्पी से देख रहा है, हँस रहा है, मुसकरा रहा है, मूँछों पर ताव दे रहा है।]

घासीराम : बोल, झूठ बोला था न?

ब्राह्मण : *(चिल्लाकर)* नईं हुज़ूर–!

घासीराम : नहीं? तो तेरी हथेली क्यों जल गयी? झूठ बोला कि नहीं?

ब्राह्मण : नईं–नईं–।

घासीराम : अब भी झूठ? लाओ तो वह गोला और रक्खो इस हरामी की हथेली पै दुबारा।

ब्राह्मण : **नईं सराकर, नईं–!**

घासीराम : तो कबूल कर कि चोरी की। बोल, चोरी की या नहीं?

ब्राह्मण : *(कराहकर)* नईं–।

घासीराम : नहीं? तो उठा वो गोला और दे परीक्षा। लाओ जी गोला, इसके हाथ पकड़ना कसके—!

ब्राह्मण : (अतीव भयपूर्वक) नईं—मैंने चोरी करी, मैं कबूल करता हूँ—।

[घासीराम कहकहा लगाता है।]

घासीराम : *(आसपास खड़े लोगों से)* लो, आ गया ठिकाने पर। काम ऐसा हो, पुख्ता! चोर कबूल न करे? ले जाओ इसको और दोनों हाथ काट के पटक दो शहर पूना की चौहद्दी के बाहर। स्साला बाम्हन और चोरी का पेशा! देखता हूँ, कौन हिम्मत करता है चोरी करने की।

[घासीराम मूँछों पर ताव देकर चला जाता है।]

ब्राह्मण : *(तड़पकर)* मैंने चोरी नईं करी, चोरी मैंने नईं करी, नईं करी—मैं बेगुन्हाय, मैं गरीब बाम्हन, तैने मोकौं क्लेस दिया घासीराम, तैं निस्सन्तान मरैगा नीच! एड़ी घिस-घिसकैं मरैगा! कूकर की नाईं हिक्का दै दै कै मरैगा भिरिष्ट! तेरा नास होय घसिए, तेरी बिटिया कौं डाकू लै जायें पापी—मर गया रे, मैं तो मर गया, हा-हा-हा—!

[उसके चीखने चिल्लाने के दौरान सूत्रधार और अन्य लोग पहले धीमे स्वर में और बाद में उच्च स्वर में गाते हैं : 'राधेक्रिस्न हरि मुकुंद मुरारी।' जैसे उसके रुदन को डुबा देना चाहते हों। मंच को कवर करके खड़े हो जाते हैं। पिछला दृश्य नहीं दिखाई पड़ता, आवाज़ें भी नहीं सुनाई पड़तीं, सुनाई पड़ता है सिर्फ़ नाम-घोष।]

सूत्रधार : कर-टिक्कस की वसूली—

अन्य : हौन लागी।

सूत्रधार : चोरी-चपाटी, गुन्हायगीरी—

अन्य : घटन लागी।

सूत्रधार : घासीरामजी कुतवाल कौ ऐसौ भय, ऐंसी धौंस के सिगरी—पुन्ननगरी थरथर काँपन लागी—।

अन्य : नाक की सीध में चलन लागी—।

सूत्रधार : चोर-जार की कम्मर ढीली भई—।

अन्य : तीसमारखान की डाढ़ी-मोछ नुचि गयी—

सूत्रधार : अनाचार मिटि गयो, भिरिष्टाचार मन्दाय गयो अरु सदाचार सोई कुम्हिलाय गयो।

अन्य : कलजुग समाप्त भयो, घासीराम-राज आय गयो, घासीराम-राज छाय गयो—।

[एक ओर से घासीराम आता है।]

घासीराम : *(मूँछों पर ताव देकर)* हमने पूना शहर की कोतवाली हासिल की, याँ की हर शै जन्नत में दाखिल की। हम बादशाह, शहर पूना के बेताज बादशाह—ये नाबदान में कुलबुलाते कीड़ों का शहर, हमसे माँगता पनाह! और यहाँ का बाम्हन? चाल तिरछी, मारेगा छुपके बरछी! वही आज मोम-सा पिघला हुआ है, वही आज धागे-सा बँटा हुआ है। हम घासीराम, शहर पूना के कोतवाल—हिम्मत नहीं कर सका कोई कि टेढ़ी नजर से देखे; अगर देखे तो दुबारा देख न पाए। *(रुककर)* यों तो सब भगवान की कृपा है, मगर इक बात है कि दिल खफा है। मेरे जिगर का टुकड़ा, मेरी ललितागौरी की फिक्र सताती है, मेरी आँखों की नींद उड़ी जाती है। लाड़ली के हाथ पीले हो जायेंगे जिस दिन, गंगा नहाए मानेंगे हम उस दिन। फिर देखते हैं उसके खिलाफ कोई क्या कहता है, जो कहता है वो जड़ से जुबान खोता है। बस, हमें वर की खोज करनी है, यह हमारा काम इसमें देर नहीं लगनी है। हम रुपये की रुपहली नदी बहा देंगे, सोने-जवाहिरत से नौशे को मढ़ देंगे। मेरी गौरी चाँद की किरण है, उसके सामने लग जाये औरों को ग्रिहन है। बस्स! यही बन्दोबस्त करता हूँ, सवारों को हर सिम्त रवाना करता हूँ—*(जाता है।)*

[पूर्वार्द्ध के आरम्भिक अंश की भाँति वही ब्राह्मण सीना तानकर तेजी से जाने लगता है।]

सूत्रधार : ओऽ म्महाराज, नेक रुकौ!

ब्राह्मण : तै फिरि आय गयौ बे, हट असगुनी, सामने तैं हट। हमकौं अबेर होय रही।

सूत्रधार : महाराज, आज कौन बिरम्ह-कारज काढ़ा?

ब्राह्मण : ले, तैं टोकई दीन्हा रे भंगी! काज-बिगाड़ू, अब तो भयौ–।

सूत्रधार : भयौ? बेटा भयौ कैं बिटिया भई? कौने भई?

ब्राह्मण : तोरी मैया कैं भई! हट रोकैं निनि, जान देय–।

सूत्रधार : पै ब्राह्मन देवता, को है भागमान? जाँ टिड़ी-बिड़ी जाय रहे सिरिमान!

ब्राह्मण : भागमान? को है?

सूत्रधार : की का है?

ब्राह्मण : का है बियाह?

सूत्रधार : *(ताली पीट कर)* जानि गयौ महाराज! तभई इतैक हुलास!

सूत्रधार : पै बियाह की का महाराज? कौन संग?

ब्राह्मण : तोरी मैया का, वाकै यार संग? असगुनी ससुर!

[जाने को होता है।]

सूत्रधार : दच्छिना चकाचक मिलैगी न महाराज?

ब्राह्मण : मिलैगी? अरे, बँटेगी, लुटैगी! बियाह कीका? पै, तैंने कैंसे जाना बे?

सूत्रधार : बाम्हन के मौं सैं कढ़ि गयौ महाराज!

ब्राह्मण : का हमारे मौं सैं कढ़ि गयौ! नौकोट नानाजू कौ बियाह? हरे राम, हरे राम!

सूत्रधार : *(ताली पीट कर)* नाना को बियाह!

ब्राह्मण : अरे, अरे चोप्प!

सूत्रधार : नाना कौ सातवौं बियाह! है कै नाहीं! का हौ बाम्हन देवता?

ब्राह्मण : धीमें बोल रे! हमारा मूँड़ कटवायगौ?

सूत्रधार : सो कैसे?

ब्राह्मण : हट यासैं! हम हवेली में जाय रहे हैं। बातैं होय रई हैं, पक्केयात होवे कौं है, होय गयी-सी है। पै गुपुत है। मौं सैं कढ़ि जायगौ तो घासीराम खाल खिंचवायगौ, जानत? सुनिकै अनसुनी करि देय। बिटिया अभऊँ चौदह बरिस की नायँ भई, जानै तैं?

सूत्रधार : नाहीं! आप चिन्ता जिनि करौ। जाऔ। या कान की वा

कान नाहीं सुनि पायगौ।

[ब्राह्मण तेजी से जाता है।]

(उसके पीछे जाकर) महाराज—महाकाज— *(पीछा करने का खयाल छोड़ देता है)* ई एक पुरोहित जात भए— *(दूसरा ब्राह्मण जाता है)* ई दूसरे पुरोहित जाय रहे, ई तीसरे जाय रहे— *(तीसरा जाता है)* चउथे जाय रहे, पाँचवें जाय रहे, छट्ठे सोई जात भए—काँ लौ रहैं, साड़े सत्ताईस पुरोहित महाराज जात भए—।

[सभी ब्राह्मण अलग-अलग तरीके से कॉमिक चाल से चलते हैं।]

सूत्रधार : हवेली में नानाजू के सातवें विवाह की तैयारी हाये रही—

अन्य : हो ऽ य रही—

सूत्रधार : बियाह की तैयारी होय रही, तैयारी होय रही, नानाजू के बियाह की तैयारी होय रही—

अन्य : खूबई जोर सै होय रही—।

[मंच पर पुरातन वैवाहिक विधियों और तत्सम्बन्धी भागदौड़ का मूकाभिनय।]

सूत्रधार : हमारे नाना कौ ऽ बिया ऽ ह
उम्मर बन्नी की बार ऽ ह
हमारे नाना कौ बिया ऽ ह
बन्नी हमरी है मुलायम
कै तो ककड़ी नऽ रम—नऽ रम
बन्नी पतरी गोरी-गोरी
कै तौ सुन्ने की होय डोरी
बन्नी देखैं सैं लजाए
जैसौ ईंगुर ढुलकौ जाए
हमारे नाना की बियाऽ ह
उम्मर बन्नी बारऽ ह

[मंच पर सामुदायिक मूकाभिनय आरम्भ हो जाता है।]

बाम्हन आये
महुरत ढूँढ़ो

[जब तक मंच पर मूकाभिनय जारी है, उपर्युक्त पंक्तियाँ दुहराता है।]

जमे बराती

मँड़वा गाड़ो

[मंच पर इसका भी मूकाभिनय।]

गहनो लाए, थाल सजाए

धूम मचाई, ठाठ रचाए

[मंच पर मूकाभिनय।]

नाना सेऽनाई बजवा ऽ य

हमारे नाना कौ बियाऽ ह

उम्मर बन्नी की बार ऽ ह

हमारे नाना कौ बियाह ऽ ह

[मंच पर विवाह विधियाँ।]

सूत्रधार : चलौ जी चलौ, जल्दी चलौ। जल्दी-जल्दी-जल्दी-जल्दी, जल्दी चलौ—

नाना पेस्वा कौ परधा ऽ न

उम्मर लड़कैयाँ, नादा ऽ न

मूँछें पकि आई काल-परौं

झरी नायँ बत्तीसी सिग ऽ री अब लौं

पाँव छूवे सैं कम्मर झुकि आईं

ध्यान धरबे सैं आँखें मिचि आईं

यों तो नाना कर चुके छै शादियाँ,

किस्मत बुरी फलती नहीं छै बीवियाँ

करना पड़ा है सातवाँ उनको बियाह

दिल नहीं भरता, करैं क्या, आह!

अब नहीं परधाननी जो आयेगी

दुधमुँही, सेवा नहीं कर पायेगी

दरकार हैं बस डेढ़ दर्जन दासियाँ

खुशनुमा, मजबूत माहिर दासियाँ—

इसलिए

सखूबाई, लालबाई, कालूबाई, साईबाई जल्दी चलौ *(मंच पर मूकाभिनय जारी है। वधू को लाया जाता है। नयी*

साड़ी व घूँघट से ढकी होने के कारण दिखाई तक नहीं पड़ती।)

सूत्रधार : पी-पी-पी-पी बजी नफीरी
खँजड़ी, ढोलक, चंग, पखावज
नाचे छप्पन टिकुलीवाली—चलौ, जल्दी चलौ—।

[नाना को नौशे की वेशभूषा में लाया जाता है।]

नाना चलिकै, दुआरे आये
कैंसे बन्नी कौ ले जाएँ
"दो सौ मुहरें गिनकैं दूँगा
बन्नी को मैं ले जाऊँगा"
ऐंसे बेटी की मैया बिक जा ऽ य
हमारे नाना को बिया ऽ ह
मड़वे नैंचैं नाना आये
बन्नी कौ जी घ ऽ ब ऽ राये
दुनिया गाये बन्नी रोये
कोऊ आँसू देख न पाये।
नाना स ऽ सुर को बुलाये
वासौं कानन में बतियाये
खेत-जऽमीन दिलवाये
हीरा फोकटिया पा जाये
बन्नी पतथर की हो जाये
ऐंसे बन्नी की इज्जत लुट जा ऽ य
हमारे नाना कौ बिया ऽ ह।

[मंच पर अंतर्पट ताना जाता है सूत्रधार मंगलाष्टक गाता है।]

तदेव लग्नं सुदिनं तदेव
ताराबलं चन्द्रबलं तदेव।
विद्याबलं दैवबलं तदेव।
लक्ष्मीपतेंऽघ्रियुगं स्मरामि।।
इष्टदेवता कुलदेवता चिन्तनम्
सुमुहूर्त सा ऽ वधा ऽ न!
अतिसमीप सा ऽ वधा ऽ न!

शुभमंगल साऽवधाऽन!

[अंग्रेज़ आता है, दृश्य देखता खड़ा हो जाता है। अन्त में घोषणा–'शुभ मंगल सावधान!' 'बजाओ ऽ रे, बजाओ!' अनेक वाद्य एक साथ जोर से बज उठते हैं।

घासीराम जल्दी-जल्दी आता है। देखता है और चोट खाया खड़ा रह जाता है। नाना और उसकी सातवीं बीवी की बारात मंच पर एक चक्कर लगा कर चली जाती है। बारात में अंग्रेज़ भी शामिल है। गीत : बन्नी चली सासरैं, हो बन्नी चली सासरैं।]

घासीराम : *(बारात के भीतर चले जाने के बाद)* कहाँ है मेरी बेटी? कहाँ है? *(वह अब मंच पर अकेला है)* मेरी लाड़ली गौरी कहाँ है? नाना! मैं जिन्दा हूँ, तुझे छोड़ने वाला नहीं हूँ। *(जाता है।)*

विंग में कतार वालों का गीत :

बन्नी चली सासरैं
बन्नी चली सासरैं।
बता इसका कोठी वाल
चार महल चाली दुआर
आँगन ऐसा ज्यों आकास
तारों फूला बेला रे
बन्नी चली सासरैं

[दूसरी ओर से नाना और नयी वधू का प्रवेश। जैसे शय्यागृह में आये हों। नाना की वधू एक किनारे काँपती हुई खड़ी है। नाना सदरी उतारता है। कुरते की बाँह मोड़ता है। कामातुर है। वधू के पास जाकर छेड़-छाड़ करता है। वह बहुत डर जाती है।]

नाना : आओ, प्यारी आओ। हमारे पास आओ, हमारे पहलू में समा जाओ। *(वह नजदीक नहीं आती)* कितना इन्तज़ार कराओगी? *(वह डर जाती है)* ओहो, तुम तो बेवजह शरमाती हो, यकीनन हमपै बिजलियाँ गिराती हो। *(वह मुँह फेर लेती है।)* नाजुक बदन हो, लाज क्यों ओढ़े फिरो?

हटाओ भी, उतारकर अलग कर दो–। *(धींगामुश्ती पर उतर आता है।)*

[यकायक घासीराम हाथ में नंगी तलवार लिए बीच में कूद पड़ता है।]

घासीराम : नानासाहब हमारी गौरी कहाँ है?

नाना : *(चौंककर)* अयँ? *(इतना डर जाता है कि मुँह से बोल नहीं निकलता)* क्–कौन? घ्–घासीराम?

घासीराम : मेरी लाड़ली बेटी कहाँ गयी नानासाहब?

नाना : होगी, यहीं कहीं–हमने नहीं देखी–हम तो बियाह के–

घासीराम : *(तलवार दिखाकर)* नानासाहब, सीधे से बता दो, नहीं तो–

नाना : *(घासीराम का तेवर देखकर धोती सँभालकर)* न–नहीं घासीराम–स्–सुनो घासीराम–व्–वो–बात–

घासीराम : बात रहने दो नानासाहब, बताओ कि लड़की कहाँ है, दस दिन हो गये आज, किसी को दिखाई तक नहीं दी–।

नाना : हैं? भाई, बिल्कुल पता नहीं–हम खुद–

घासीराम : *(एकदम आक्रामक होकर)* जल्दी बताओ-बताओ, नहीं तो इसी दम–

नाना : ब्–बताते हैं, ब्–ताते हैं–वो–क्या तो–वो–च्–चन्द्रा दाई के यहाँ–

घासीराम : *(भयानक स्वर में)* क्या?

[नाना की हालत खराब। उसकी नयी बीवी थरथर काँप रही है। लगता है, जैसे घासीराम नाना को चीरकर दो कर देगा, मगर वह ऐसा कुछ नहीं करता।]

घासीराम : चन्द्रा दाई? कस्बेवाली?

नाना : *(घबराकर)* हाँ-हाँ, यही–।

[घासीराम अपने को जब्त करके जल्दी-जल्दी चला जाता है। नाना लम्बी साँस लेता है। अपने को बदलता है।]

(वधू से) ओ हो! डर गयीं तुम? हँ-हँः वो घसिया क्या बिगाड़ लेता नाना का? उसके पित्तर उतर आयें तो भी

क्या होता है! हुक्म देने की देर, हवा में उड़ जायेगा! चलौ, चलौ न–।

[उसका हाथ पकड़कर जाने को होता है। नाना का एक पाँव जरा-जरा काँप रहा है।]

(पाँव सहलाकर) पाँव, लगता है, सुन्न पड़ गया है। *(रुककर, ताली बजाकर)* कोई है?

सूत्रधार : *(प्रवेश कर)* हुकुम सरकार–!

नाना : इस घसिए को अब महल में घुसने न दिया जाये, समझा? जबरदस्त पहरे का इन्तजाम किया जाये–हमारे इर्द-गिर्द सिपाहियों की तादाद बढ़ाई जाये। जा सकते हो– *(वधू को आगे ठेलकर खुद पीछे-पीछे जाता है।)*

[दूसरी ओर से एक काली-कलूटी औरत; मुँह छिपाये आती है। यह चन्द्रा ताई है। उसके पीछे आ रहा है घासीराम, जैसे खूँख्वार जानवर हो।]

घासीराम : कहाँ है हमारी लाड़ली बेटी? बताओ, कहाँ छिपा रक्खा है?

चन्द्रा : *(बेंत के मानिन्द काँपकर)* हजूर, हिंयई उसको–उसको गाड़ दिया ता–।

घासीराम : कहाँ? यहाँ?

[धम्म से धरती पर बैठकर जल्दी-जल्दी हाथ से मिट्टी खोदने का अभिनय करता है। दौड़कर किनारे जाता है, फावड़ा लेकर आता है, जल्दी-जल्दी मिट्टी हटाता है और कुछ ऐसा देख लेता है कि आँखें फाड़कर देखता रह जाता है।]

घासीराम : *(मुँह छिपाकर)* मेरी गौरी! गौरी, मेरी गौरी! मेरे जिगर का टुकड़ा! ये क्या हुआ? तू यहाँ कहाँ? ये नाना ने तेरा क्या किया! हा-हा! गौरी, उस शैतान ने ये क्या किया? नाना–हैवान–*(उठकर खड़ा हो जाता है। पाँव से मिट्टी गड्ढे में ठेलता है। उसके सिर पर जैसे खून चढ़ा हुआ है। ध्यान चन्द्रा की ओर जाता है। वह प्राणभय से काँप उठती है)* तूने मेरी प्यारी बेटी को मार डाला, कमीना, मैं तुझे जीता नहीं छोड़ूँगा–*(उस पर टूट*

पड़ता है, गरदन पकड़कर दबोचना शुरू करता है तो मार कर ही दम लेता है) जा—जहन्नुम में जा—*(यकायक अबोध शिशु की तरह पुक्खा फाड़कर रोने लगता है। कटे पेड़ की तरह जमीन पर गिर पड़ता है।)* गौ ऽ री—मेरी लाड़ली—ये क्या हो क्या—अब मैं क्या करूँ—ये मुँह तुझे कैसे दिखाऊँ—मैंने ये क्या किया? मैंने तुझे बेटी—नहीं, नहीं, मैंने नहीं, नाना ने किया—नाना—वो मेरा दुश्मन सात जनम का—छिप गया स्साला—बाहर आ हरामजादे—सामने तो आ।

[नाना घबराया हुआ मगर हिम्मत बटोरकर आता है। चुपचाप खड़ा रहता है। घासीराम नाना की तरफ फटी-फटी आँखों से देखता है, देखता रह जाता है।]

घासीराम : कौन? नाना? नानासाहब?

नाना : *(थूक निगलकर, धीरज से)* हाँ घासीराम, हम—*(जरा आगे बढ़कर)* घासीराम धीरज से काम लो भाई। शान्त हो जाओ। कुछ भी हो, कायदा है, चलना पड़ता है, कोई भला उसे तोड़ सकता है? तुम आखिर किसकी हाज़िरी में हो? पहले अदब से सलाम करो। कर भी लो घासीराम, पहले सलाम—।

[घासीराम पालतू जानवर की तरह काबू में आ जाता है। झुककर मुजरा करता है। मगर उसकी आँखों में लहू उतर आता है।]

नाना : शाबाश! हम तुम्हारी वफादारी की तारीफ करते हैं। हमारी मेहरबानी से तुमने कोतवाल का ओहदा हासिल किया। हम तुमसे खुश हैं।

घासीराम : मगर नानासाब—।

नाना : *(चौकन्ना होकर घासीराम के पास जाता है जो उसे अंगार-भरी आँखों से एकटक देखता है। नाना सावधानी से उसकी पीठ पर हाथ रखता है)* हम तुम्हारी तकलीफ समझते हैं घासीराम—

घासीराम : लेकिन नानासाहब, ये तकलीफ तुम्हारी दी हुई है, तुमने—।

नाना : वहम है बेटे, और क्या कहें! करने-करानेवाला तो वो है,

ऊपरवाला मालिक हमारा, हम बराएनाम, महज अदना-सा बहाना। बैठो घासीराम, हम तुम्हें समझाते हैं।

घासीराम : *(झटके से दूर होकर)* नहीं, तुम हमें उल्लू बनाते हो नानासाब, यह तुमने किया—मेरी लाड़ली का तुमने कत्ल किया—तुमने मेरी इकलौती बेटी की जान ली, मेरी मासूम बेटी को मुझसे छी लिया—।

नाना : *(जरा हटकर)* तुम आपा खो बैठे हो घासीराम। तुम पर गम का साया छा गया है भाई, अपने हाथ से तो हमने कभी मक्खी तक नहीं मसली—इन हाथों में रही किशन-कन्हैया की मुरली, जिसने गोपियों की भूख-प्यास हर ली—*(लहजा बदलकर)* और पेशवा के प्रधान के खिलाफ इलजाम लगाने से पहले तुम्हें सौ बार सोचना चाहिए। तुम होश में तो हो न? तुम पेशवा के प्रधान की पेशी में हो घासीराम—।

घासीराम : *(जनून नहीं उतरा है, मगर मूढ़ हो रहा है)* नानासाब—।

नाना : क्यों लगातार नानासाब के नाम का मन्त्र जप रहे हो, बेकार। जो होना था हो गया, गंगाजी में बह गया। गतं न शोच्यम्। वेदों ने ही कहा है। और घासीराम, क्या हम, क्या तुम—कोई अमरता का परवाना लिखा कर लाये हैं? *(लम्बी साँस लेकर)* हम सबको एक रोज जाना है भाई, यहाँ नहीं रहना है। हवा की एक फूँक में उड़ जायेगी यह जिस्म नाक की मिट्टी, रह जायेगी जमीं पर बस खाक चार चुटकी—?

घासीराम : लेकिन, मेरी गौरी—?

नाना : वह थी, यह भी महज वहम है घासी, कौन गौरी, कौन मेरी! इसको कहते हैं माया, नहीं रह जाएगा इत्ता-सा साया। मरना भी मिथ्या, जीना तक मिथ्या। कोई नहीं किसी का, याँ रैन-बसेरा सबका। न कोई बेटी है, न कोई बाप; अरे, रह जाते हैं हम अकेले आप। ज़िन्दगी भी तो एक स्वाँग है, नौटंकी; क्या-क्या तो गुल खिलाये ये बेरहम छटंकी। मगर धासीराम, जब तलक साँस की

चरखी चलेगी तब तलक भाई, नहीं छुट्टी मिलेगी। काम तो करना पड़ेगा। बोझ को ढोना पड़ेगा। बस्स्! हम प्रधान, तुम कोतवाल, हमें चलनी है अपनी-अपनी चाल। तो घासीराम, देखो अपना काम। बहुत बड़ी जिम्मेदारी है तुम पर, पूना की कोतवाली का दारोमदार है तुम पर। मगर हम तुम से निहायत खुश हैं घासीराम! जाओ, तुम अपने काम पर जाओ, हमें भी बहुत काम हैं—हाँ, जाने से पहले मुजरा करना न भूलना—। *(नाना में अब पर्याप्त आत्म-विश्वास पैदा हो चुका है मगर पाँव अब भी जरा-जरा काँप रहे हैं)* और हाँ जो हादसा हो चुका है, उसे दबा जाना, अपने तईं रखना। आखिरी तुम्हारी आबरू हमारी आबरू है। दाब तुम्हारा, तभी तो रौब हमारा। पेशवा के कोतवाल के बारे में कोई उल्टी-सीधी जड़ेगा, हमें अच्छा नहीं मिलेगा। बात जाहिर न होगी, पोशीदा रखने की जिम्मेदारी हमारी होगी। फिर भी कोई नामाकूल अगर बकता है ऊल-जलूल, तो चुप न रहना, सिर उड़ा के दम लेना। यह बात हम लोगों के बीच में रहेगी, पेशवा तक बिल्कुल न पहुँचेगी—ये वादा ले जाओ, अपने काम पर हाजिर हो जाओ—जाओ—।

[घासीराम मूढ़ की भाँति जाने को होता है।]

नाना : लो, कर दिया न गुड़-गोबर, जा रहे हो गुस्ताखी कर? इतना सिखाया, समझाया, तुम्हें सलाम करना न आया?

[घासीराम मुजरा करता है।]

शाबाश! आदमी है तो कायदे से रहे, तुम तो घासीराम भकुआ ही रहे! अँय?

[मूढ़-सा घासीराम जाता है। नाना ताली बजाता है। सूत्रधार आता है।]

नाना : गौरी की लाश को यहाँ से फौरन हटाओ, नदी में बहा दो, समझे? अगर उसकी एक भी हड्डी मिलेगी तो याद रखना, तुम्हारी हड्डियाँ चकनाचूर होंगी।

[शाही ठाठ से जरा-जरा थिरकते हुए नाना का प्रस्थान। करुण लय में—'बन्नी चली सासरैं'।

सूत्रधार मौन खड़ा है। तीन व्यक्ति आते हैं। गौरी की लाश को ठठरी पर रखने का दुखभरा अभिनय करते हैं। पीछे की ओर कतारवाले लोग इकट्ठा होकर धीमे स्वर में गुनगुनाते हैं।]

राधेक्रिस्न हरि
मुकुंद मुरारी
राधेक्रिस्न हरि
गोबिन्द मुरली–

[गौरी के प्रेतवाहक जाते हैं। गुनगुनाहट जारी रहता है। सूत्रधार लौट आता है।]

सूत्रधार : गौरी बेचारी परलोक सिधारी, नाना जियत रहैं परम सुखारी। घासीराम कोतवाल के करेजे कौं गौरी-बिछोह काटि गयौ, वाकौ, हिरदै फाटि गयौ। पै कुतवाली कौ का होयगौ?

अन्य : का होयगौ?

सूत्रधार : कुतवाली तौ चलैगियई चलैगी–

अन्य : आबरू तौ टिकैगियई टिकैगी–।

सूत्रधार : ठसक तौ रहैगियई रहैगी–

अन्य : रहैगी, रहैगी–।

सूत्रधार : गुन्हायगार थरथर कँपैंगे–

अन्य : कँपैंगे, कँपैंगे, कँपैंगे, कँपैंगे–।

सूत्रधार : जातैं गुन्हाय नायँ होय सो चार अरु साह, धरमातमा अरु पाखंडी, सबन पै आतंक उतपन करैं चैये–।

अन्य : बेसक करैं चैये, नैकई रियात नायँ करैं चैये–।

सूत्रधार : आतंक को रोज रियाज़ करैं चैये। घासीराम कुतवाल की कवाँरी बिटिया हामला होय कैं मरि गयी, सो कोऊ आँसू नायँ बहाय चैये। दया नायँ करैं चैये–

[नेपथ्य में घासीराम का गरजना]

'ऐ स्सअुर का नाती! हमें देखकर हँसता है। अयँ, हँसता है? क्यों हँसता है? बोल क्यों हँसता है?
ठहर तेरी बत्तीसी गिराता हूँ स्साले–।

[किसी का वेदना से जानवर की तरह चीखना।]

घासीराम : जा, मर जा, खबरदार किसी ने इसे छुआ तो!

[मंच पर आता है। बिल्कुल बदला हुआ हथेलियाँ खून से सनी।]

घासीराम : *(अदृश्य रक्त को सन्तोष से देखकर)* कैसा अच्छा लगता है! *(अदृश्य रक्त देखता हुआ मंच पर घूमता है।)*

सूत्रधार : दिन जात भए, रात बीतत भई–
कोतवार की मुँड़ी रीतत भई–

अन्य : रीतत भई–।

सूत्रधार : लहू को सुआद जाने ऐसौ बाघ, वाकी नाईं कुतवाल की हालियत भई–।

अन्य : घासीराम कुतवाल कैं मानुस के लहू की चाट परि गयी–।

सूत्रधार : चाट परि गयी सो थमै नाहीं, चित्त कहूँ लागै नाहीं–

अन्य : चित्त कहूँ लागै नाहीं–।

सूत्रधार : आँखिन में निद्रा उतरै नाहीं–

अन्य : नैक पलक झपकैं नाहीं–।

सूत्रधार : इतेक-इतेक निमित्त करिकैं कुतवाल–

अन्य : मानुस फारन लागा, मानुस मारन लागा–।

सूत्रधार : सिगरी पुन्ननगरी कौं टेंटुआ मसकन लागा, तासैं हाय-हाय मची–

अन्य : भीतर की साँस भीतर अरु बाहिर की बाहिर ई रई–।

सूत्रधार : जीवैं कौ बिस्सास नायँ रह्यौ, तासैं प्रान आधैं-आधैं कढ़न लागे–

अन्य : आधैं-आधैं करिकै पूरम्पूर कढ़न लागे।

[घासीराम नेपथ्य में जा चुका है।]

सूत्रधार : बिपदा कौ समैं आय गयौ। काँ जायकै फरियाद करैं, की कै आगड़ी दुखड़ौ रोवैं, मति काम न देवै। हालियत ऐसैं बिगारी के जियतई बँधी ठठरी–।

**[कतारेवाले एकदम :
'बावनखनी में मथुरा जी उतरी–
राधेकिस्न हरि गोबिन्द मुरली'–
गुनगुनाते हैं।
नाना और गुलाबी नाचते हुए आते हैं।]**

लावनी :

पिया, मोहै रैन दिना नित जारैं।
मैं लरिकाई सों चरण तिहारे आयी,
राख्यौ मैं अन्तर नाहीं।
तुम काहे कीन्हीं हमकौं सेज मनाही,
कछु कारन दीन्हो नाहीं
यह विरह ताप की अगन सही
नहिं जाई, मोसे जियो न जाय कन्हाई।
पल-पल मैं धाऊँ ठाड़ी रहौं दुआरे।

नाना : हय-हय-हय-हय तेरा नखरा! हाय रे तेरा गुलगुला मुखड़ा!

[कतारवालों का गुनगुनाना और नाच जारी रहता है। कतार में खड़े अन्य लोग भी पगड़ी पहनकर उपरना हिलाते हुए नाचना शुरू कर देते हैं। बावनखनी का दृश्य उभरता है। नेपथ्य में आर्त्त चीख-पुकार, कराह की संगत। गुलाबी लावनी पर नाचती है। नाना सुध-सुध बिसारकर गले का हार, हाथ का कड़ा उतार-उतारकर नजर करता जाता है। नाचते हुए दोनों का प्रस्थान।]

सूत्रधार : पुण्डलीक वारदा हा ऽ रि विट्‌ठल—
ज्ञानदेव तुकाराम, नानादेव तुकाराम।

[क़तारवाले फैल जाते हैं और दाक्षिणात्य ब्राह्मण बनकर सामने आते हैं।]

एक : *(दक्षिणी लहजे में)* पण्डित, पुण्यनगरी येई—!

सूत्रधार : येई, महराज, अन्धेरनगरी येई।

दूसरा : *(न समझकर)* क्या ऽ आ? अँगरेज़नगरी?

सूत्रधार : नाहीं, पुन्ननगरी। येई।

तीसरा : ब हू ऽ त आनन्द। मुकाम येई।

चौथा : पुण्यनगरी—नसीब का जोर—नियति—सौबाग्य!

सूत्रधार : दुर्भाग्य!

तीसरा : बहू ऽ त नाम सुना ऽ जी! ख्या ऽ ती ऽ।

दूसरा : पेशवा—दया ऽ लू, दानवी ऽ र—सुना जी—दू ऽ र।

पहला : हम दरिद्रजी! पुण्यनगरी—बात पूछा, आया—।

सूत्रधार : आया? धन्न भया! नसीब में लिखा सोई पाया—
नसीबजी साथ देना जी, प्रभु सौं येई प्रार्थना जी।
पुण्यनगरी अप्पा—।

दूसरा : आनन्द, आनन्द! इदर दर्मशाला?

सूत्रधार : धर्मशाला नँजीक नायँ, वा बगीचा में प्रिस्तान करौ। वा—जा नाहीं—वा तो कुतवाल की—व्हाँ भूलिकै न जाना—वाकी हवा बुरई—वाके लगतई सिरी गनेश मन्दिरवारी। व्हईं उतरौ, रात गुजारौ। काल्हि ढूँढ़ौ—नियत, सौभाग्य! कहूँ हौय तो मिलै। पै सम्हारि कै। रामराम!

[सूत्रधार जाता है। ब्राह्मण चार कदम चलकर बागीचे में पहुँचते हैं। खुश हैं। बैठ जाते हैं, सुस्ताते हैं, लेट जाते हैं।]

एक-एक : पुण्यनगरी—बहू ऽ त सुन्दरी—बहूत बांका—रावण का लंका—*(एक-दूसरे को एक-एक स्थान दिखाते हैं, बैठे-बैठे)* पार्वती—चतुरसिंगी—सुन्दर—अति सुन्दर—!

पहला : *(चिन्तायुक्त स्वर में)* बूक! बौत बूक!

दूसरा : बहू ऽ त भूक।

तीसरा : भू ऽ क ऽ—*(यकायक ऑफ़स्टेज देखकर प्रसन्नता से)* अप्पा ऽ, फल?

चौथा : मधुर ऽ फ ऽ ल ऽ।

[सब आनन्दित हो जाते हैं। एक-दूसरे को खींचकर ले जाते हैं। फल तोड़ने-खाने का मूकाभिनय। पेट भरा है, चेहरों पर खुशी है।]

घासीराम : *(नेपथ्य में चिल्लाकर)* कौन है? कौन फल चुराता है?

[घोड़े पर सवार होकर आता है। कुछ लोग जल्दी उठ खड़े होते हैं, कुछ बैठे रहते हैं]

पकड़ लिया! चो ऽ र साले! कोतवाली के बगीचे के फल किसने चुराये? बोलो!

[कोई नहीं जानता कि खुद कोतवाल आकर खड़ा है।]

घासीराम : खड़े हो जाओ सब लोग!

[जैसे-तैसे गँवई-गाँवालों की तरह खड़े हो जाते हैं।

फल खाना बन्द नहीं करते।]

ठीक से खड़े रहो, सीधे!

वे लोग विशेष ध्यान नहीं देते।

(मूँछों पर ताव देकर) कोतवाल का कानून तोड़ते हैं, ऊपर से बेअदबी? कौन है?

[भीतर से सूत्रधार और अन्य तीन-चार लोग आते हैं।]

पकड़ लो सबको। कोतवाली में बन्द कर दो च्चोरों को, ताला ठोक दो। सबेरे फैसला किया जायेगा शोहदों का। ले जाओ–।

[फल खानेवालों को खींच-खाँचकर पकड़ते हैं। वे सब बुरी तरह डर गये हैं। समझ नहीं पा रहे हैं कि क्या हो गया है। उन्हें धक्का मारकर ले जाया जाता है।]

हरामी के पिल्ले, हमारी कोतवाली के बगीचे के फल चुराते हैं! *(जाते हैं।)*

[ब्राह्मणों को लाकर विंग के पास वाली कोठरी में बन्द कर दिया जाता है। ताला लगा दिया जाता है।]

सूत्रधार : *(लौटकर जाता हुआ, साथ वालों से)* रानबा, जे तो ऐसेंई हो गिया यार के सेर भर ठण्डाई में भंग रत्ती भर की; इत्ती-सी कुठरिया औ साली भीड़ सवा सौ की। धँसईं नईं ससुर। तो भैया, मैंने सब तरफ सैं ठूँसा, हियाँ सैं ठूँसा, हुआँ सैं घूँसा तब जाके कईं घुसे हैं। धत्तेरे जमाने की कि बिट्चो, पूना के जिहल छोटे पड़ गये। कलजुग आ गिया स्साला! यार, निकाल कछु चिलम-इलम। बम्भोले की, सुबू तलक टाँग पसारकै धरै रयेंगे।

[खाँसता हुआ चला जाता है। बाद में अन्य सब लोग जाते हैं। फौरन लौटकर आते हैं। सूत्रधार और कतारवाले बनकर।]

सूत्रधार : रात भई–

अन्य : भई–।

सूत्रधार : आधी रात की बेरा भई–

अन्य : भई–।

सूत्रधार : पुन्ननगरी नींद में गाफिल भई–

सूत्रधार : भई–

[एक व्यक्ति कुत्ते के रोने की आवाज़ की नकल करता है। दूसरा दूसरी ओर से उसी आवाज़ में जवाब देता है। तीसरा गश्त वाले की बोली बोलता है : 'जागते रहो!' सारी आवाज़ें एक-दूसरे में घुल-मिल जाती हैं, अस्पष्ट हो जाती हैं। नेपथ्य से :]

'बच्चाओ! हम मरा! श्वास! श्वास नईं आता! अम्मा गे! बच्चाओ! छुड़ाओ! –' जैसे दम घुट रहा है, साँस लेने की जोर की आवाज़ें।

सूत्रधार : कुठरिया के ब्राह्मनन कौं हवा नायँ–साँस नायँ–साँस नायँ सो प्रान तरफरान लागे–बाम्हन चिचियान लागे, कराहन लागे, फरफरान लागे–
त्राहि-त्राहि पुकारन लागे–।
पै है कोऊ राखनहारा? कोऊ नायँ!
सोय रहे हैं मरद औरत; सो
खुरखुराय रहे, पहरेदार नसे में बर्राय रहे। एसैं में कछू बाम्हन टैं बोलि गये–

अन्य : राम नाम सत्त है–

सूत्रधार : कछु अधमरे होय गये। सुधबुध हिरानी, जमपुरी दिखानी–

अन्य : भौ-निसा सिरानी–।

[विंग में से कराहने की आवाज़। एक पगड़ीधारी ब्राह्मण उपरने से कान ढँककर आता है और मन्त्र पढ़ता हुआ जल्दी-जल्दी निकल आता है। एक बरेदिया काल्पनिक चौपायों को हाँककर ले जाता है। कराहने की दुबारा आवाज़। घोड़े पर सवार एक सरदार जाने लगता है। कराहने की आवाज़ सुनता है। रुकता है। घोड़े से उतरकर विंग में जाता है। दौड़कर मंच पर आता है। घबराया हुआ।]

सरदार : *(बेतहाशा चिल्लाकर)* अरे कोई है? दौड़ो, दौड़ो? फौरन

आओ! अरे, कौन है? पहले इधर आओ। देखो ये क्या हो गया!

(कतारवालों में कुछ लोग दौड़ कर आते हैं।) इस कोठरी का दरवाज़ा तोड़ो, भीतर आदमी फँसे हैं। साँस नहीं ले पा रहे हैं! तोड़ो पहले! बाहर निकालो!

[सब लोग दौड़ कर विंग में आते हैं।]

सूत्रधार : दरवाज़ा टूटि गयौ—।

अन्य : उखिर गयौ—।

सूत्रधार : दो ऊपर बीस बाम्हन मरि गये, बाकी अधमरे होय गये, सब घसीट कैं बाहिर लाय गये—

[कुछ लोगों को घसीटने और ले जाने का मूकाभिनय।]

अन्य : बाहिर हवा में आय गये।

सूत्रधार : सरदार मानाजी राव फाँकड़े तैकीकात करत भए—पूँछत भए, कुठरिया में कौन बैंडा?

अन्य : घासीराम कुतवाल बैंड़ा!

सूत्रधार : सरदार मानाजी राव फाँकड़ा
वाकौ घासीराम सौं छतीस कौ आँकड़ा,
ताहि मिल नामी मौका, सो हरसाना—

अन्य : वाकौ तौ मिलि गयौ गुपुत खजाना!

सूत्रधार : वाने लहास उठवाई, पेसवा कैं अगाड़ी डरवाई अरु कह्यौ, न्याव द्यौ! घासीराम बाम्हनन कौं दस घोंटि के मारिं दीन्हा। गुन्हाय?

अन्य : फल चुरायौ।

सूत्रधार : सिरीमान! फल चुराय ताहि देहान्त की सजा? जे कैसो न्याव?

अन्य : अन्धेरनगरी को न्याव!

सूत्रधार : जे पेसवा कौ राज?

अन्य : जे मुँगलन कौ राज?

सूत्रधार : राज कीकौ? सिरीमान पेसवा कौ—

अन्य : नायँ? घासीराम कौ!

सूत्रधार : पेसवा कोप करयौ, नाना सँदेसौ भिजवायौ—जा हालियत

में होय, तुरतै, फौरन सैं पेसतर आओ–

अन्य : पैं–

[नाना थिरकता हुआ, धार्मिक विधियाँ करता और मन्त्र बुड़बुड़ाता हुआ मंच पर आता है। विंग की ओर उन्मुख होकर चिल्लाता है :]

हाँ-हाँ मिल गया। पूजा करके आते हैं। कह देना श्रीमान से–

[जनेऊ पर उँगली घुमाते हुए और मन्त्र पढ़ते हुए थिरककर दूसरे विंग में चला जाता है–और वहाँ पूजन में मग्न हो जाता है।]

सूत्रधार : इतै पेसवा कौ परधान पूजा करै, उतै पेसवा बाट जो है। परधान कबै आयगो? सिगरे पूना सहर में खबर फैल गयी–।

[कतार में खड़े लोग अधूरे-से शब्द धीमे सुर में एक-दूसरे को सुनाते-बताते हैं : 'दो-ऊपर बीस', 'बाम्हन', 'घासीराम', 'मार डाला', 'गला घोंट के'। ये आवाज़ें धीरे-धीरे शोर में बदल जाती हैं। क्रोध रोष में बदल जाता है। मुट्ठियाँ कस जाती हैं। कोलाहल।]

सूत्रधार : पूना के बाम्हन कुपित भये–

अन्य : रुष्ट भए–।

सूत्रधार : दल के दल बनाय नानाजू की हवेली तलक जाय पौंचे–।

[एक सिरे पर नाना पूजा में मग्न; दूसरे सिरे पर कोलाहल। सूत्रधार दौड़कर नाना के पास पहुँचता है।]

सूत्रधार : *(मुजरा करके)* सिरीमान, देखिए तो क्या हुआ, हवेली के सामने बाम्हनों की भीड़ इकट्ठा हो गयी है, चिल्लाय रई है!

नाना : *(घबराकर)* क्-क्या? चू-चीड़ भिल्ला रही है? तुम क्या कर रहे हो? हवेली के सब दरवाज़े बन्द करा दो, पहरेदारों की तादाद बढ़ाओ, पहरेदारों की–!

सूत्रधार : बाम्हन गरम हो गये हैं सरकार, काबू में नहीं आ रए

हैं। हवेली में घुसने के नारे लगा रहे हैं। हज़ारों हैं–।

नाना : ह्-हवेली में घुसने के–उनको घुसने न देना–।

सूत्रधार : संगीन मौका है हजूर–।

नाना : शतचण्डी कराओ, महामृत्युंजय का जाप कराओ!

सूत्रधार : बाम्हन मानतेई नईं हैं–।

नाना : क्-क्या चाहते हैं? क्या माँगते हैं?

सूत्रधार : घासीराम कुतवाल के बध का हुकुम!

नाना : *(अब तक हालत तंग थी, यह सुनकर खुश हो जाता है।)* धत्तेरे की! इत्ती सी बात? ला, कलम ला जल्दी से। और काग़ज़ *(सामग्री हाथ में आते ही लिखकर)* यह लो, दे दो ब्राह्मणों को यह घसिए के वध का हुक्मनामा। कहना, सन्तुष्ट हों। और यह भी कह देना कि पहले भरपूर बेइज़्ज़त करें। जाओ, भागो–)

[सूत्रधार दूसरे सिरे पर जाता है।]

सूत्रधार : सहर पूना के बाम्हनो, सुनना हो! पेसवा के परधान सिरीमान नानासाहब फड़नवीस ने आपकी माँग कैं मुताबिक घासीराम कुतवाल के बध का हुकुम दिया है। घासीराम का सिर मूँड़कर सिन्दूर छिड़का जायेगा। उसके बाद ऊँट पै उल्टा बिठाके जुलूस निकाला जायेगा, पसचात हाथी के पाँव से बाँधकर घुमवाया जायेगा। और सबके अन्त में सूली पै चढ़ाया जाएगा। हुकुम पेसवा के परधान का कै घासीराम का एक हाथ बाँधकर भीड़ के बीच छोड़ दिया जाऽए–

[कतार में खड़े लोग हर्षित होकर चिल्लाते हैं। दूसरे सिरे पर खड़ा नाना खुश है। भीड़ मृदंग की लय पर लौट जाती है।]

नाना : काँटा से काँटा कढ़ेगा ससुर! बहुत खूब! जंजाल मिटा। यों अब किस आने चला था हमारे।

[थिरकता हुआ दूसरी ओर चला जाता है।]

सूत्रधार : घासीराम का अन्त आय गयौ–

अन्य : *(बाहर आकर)* नीयत पै पत्थर परि गयौ–।

सूत्रधार : घासीराम बाम्हनन कौं कुठरिया मैं बैंड़वे की कही–वाकौं

कछू और मालूमई नईं—बाम्हनन की हत्तियाँ कौं कलंक
वाकें माथैं—
पै घासीराम बाम्हन मारे नाहीं—
तऊ घासीराम की ठसक न टूटी—
रस्सी बरि गई पै ऐंठन न छूटी—
कोतवाल कौ ऐंसौंई हौवैं करै।

[घासीराम आता है।]

घासीराम : कौन है वहाँ पहरे पर? कौन हैं? कोई है? कहाँ मर गये सब हरामज़ादे!

[सूत्रधार खाँसता हुआ, आँखें मलता हुआ आगे बढ़ता है।]

हरामी, क्या कर रहा था? खोल, कोठरी का ताला खोल! गुनहगारों को सामने ला, अभी करता हूँ फैसला। फल चुराते हैं?

[आँखें मलता, खाँसता सूत्रधार जाता है, पल भर में घबराया हुआ-सा लौटता है।]

सूत्रधार : हजूर, गजब हो गिया! कोठरी का ताला टूट गिया!

घासीराम : क्या ऽ आ? *(बहुत क्रुद्ध होकर)* बेवकूफ, तू क्या कर रहा था? ताला किसने तोड़ा? कैसे तोड़ा? बता, गुनहगार की चमड़ी उधेड़ता हूँ, मिर्च भरवाता हूँ, फाँसी देता हूँ—।

[भीतर यकायक क्रुद्ध कोलाहल। भीड़ बाहर आती है और देखते-देखते घासीराम के सामने हिंस्र भाव से खड़ी हो जाती है। घासीराम समझ नहीं पाता। ज़बरदस्त शोर।]

घासीराम : *(चिल्लाकर)* ठहरो! खड़े रहो! क्या है? क्या बात है? ये शोर क्यों? हिलो मत!

[भीड़ पल भर को जहाँ की तहाँ ठहर जाती है। वापिस जाओ! जाओ, अपने-अपने घर जाओ! जाओ, जाओ, नहीं तो चीर के रख दूँगा तुमको!]

[भीड़ धीरे-धीरे, होशियारी से उसे घेरना शुरू कर देती है। घासीराम पीछे सरकता है। घिरे हुए जंगली जानवर के मानिन्द; और भीड़ उससे चारों

ओर से पूरी तरह घेर लेती है। क्षण भर प्रचण्ड कोलाहल। घासीराम दिखाई नहीं पड़ता। भीड़ का गर्जन फेड-आउट हो जाता है। पीठ करके खड़े लोग मुड़कर खड़े हो जाते हैं। ये हमेशा के कतार वाले हैं। घासीराम दिखाई नहीं पड़ता।]

सूत्रधार : घासीराम कोतवाल घिरि गयौ रे—

अन्य : घिरि गयौ राम, घिरि गयौ रे—।

सूत्रधार : वाकौं बेदम मार्यौ, वाकौं मूँड़ मुँड़ायौ, मूँड़ पै सिन्दूर छिरकायौ, ऊँट पै उल्टौ बाँधिकै जलूस कढ़वायौ, हाथी के पाँव सौं घसिकै घुमायौ। सिगरी पुन्ननगरी आँख भरि देख्यौ—

अन्य : देख्यौ राम देख्यौ, आँख भरिकैं देख्यौ—।

सूत्रधार : अन्त में अन्तकाल आय गयौ—

[एक हाथ बाँध घासीराम मंच पर आता है। पिटा हुआ, ठुका हुआ, भयानक रूप रक्त रंजित।]

सूत्रधार : एक हाथ बाँधिकैं घासीराम कौं बाम्हनन आगैं छोरि दियौ—।

[कतार वाले अब शिकारी की तरह घात लगाये हुए। हिंस्र पुकार और तदनुकूल मूकाभिनय।]

घासीराम : म्मारो, म्मारो न! हमको और मारौ। पीटो हमको! और मारो!

[सिर को बाँह से ढकता है जैसे पत्थर आ लगा हो।]

दूर क्यों मारते हो कायरो, सामने से मारो! स्साले, डरते हो? धत्तेरे की! आओ, आओ! पास आके पत्थर मारो! डर पुक्के स्साले! असल बाप के हो तो पास आके मारो न! देखो, एक हाथ बँधा है। फिर भी डरते हो? मैदान में आओ और फिर फोड़ो मेरा सिर! *(भीड़ का क्रुद्ध गर्जन।)*

हम घासीराम! घासीराम साँवलदास! हमने तुमको रौंदा, पाँव से कुचला—मगर अपनी बेटी की फूल-सी ज़िन्दगानी मसल दी—मैं गुनहगार हूँ—मैंने गौरी का खून किया

है—मुझे मारो! मुझे पीटो। और मारो, मुझे ज़िन्दा न छोड़ो! आओ, सामने आओ, ये देखो, मैं खड़ा हूँ—बहुत खूब—बहुत अच्छे—।

[भीड़ का गर्जन। ताशा-नगड़िया जोर से बज़ रही है। अकेला घासीराम मंच पर लड़खड़ाता हुआ, मौत की मार खाता हुआ ताशा-नगड़िया के ताल पर घूमता है। गिर पड़ता है, उठता है, फिर गिर पड़ता है। जानवर की तरह चिल्लाता है, सरकता है, रेंगता है। औंधा हो जाता है। उठने की कोशिश करते-करते निढाल होकर पड़ा रह जाता है। यह एक प्रकार का डैथ-डान्स है। भीड़ चिल्ला रही है। घासीराम निश्चेष्ट। नाना आता है, पालकी में बैठा। हाथ हिलाकर भीड़ को शान्त करता है।]

नाना : पुण्यपत्तन-निवासी नागरिको! हमारी महान नगरी पर छाया हुआ एक भयानक संकट आज टल चुका है। एक रोग मिट चुका है। आप सब लोगों को जिस नरकासुर ने लगातार परेशान किया, जीना दूभर कर दिया वो घासीराम कोतवाल, अब मर चुका है, वध हो चुका है। श्री गजराज की असीम अनुकम्पा से, दया से सब ठीक हुआ है। हम उनकी कृपा के हकदार हैं, वे बड़े दयालू हैं। इस पापी घासीराम की लाश को यहीं पड़ी रहने दो, सड़ने दो। गिद्धों को, कुत्तों को उसे चीथने दो। कीड़ों को खाने दो। उसकी लाश को जो उठायेगा, उसे सख्त सज़ा दी जायेगी। जो सूतक पालेगा, उसको सूली पर चढ़ा दिया जायेगा। घसिया साँवलदास के जो भी नाते-रिश्तेदार हैं, वे लोग जहाँ भी मिलेंगे, गिरफ्तार किये जायेंगे, उनको देश निकाला दिया जायेगा। इस घसिये की तमाम जायदाद, रुपया-पैसा सब सरकारी खज़ाने में जमा कर दी गयी है। हमारी पवित्र पुण्यनगरी में आज से उस पापी का नामोनिशान मिट जायेगा, हमने ऐसा ही बन्दोबस्त किया है। हम लोगों के लिए तो यह शुभ घटना है। इसलिए आज से, अभी से, तीन दिन तलक

शहर पूना में जश्न मनाया जाए, उत्सव मनाया जाए। यह हमारी आज्ञा है–!

[भीड़ हर्षित होकर चिल्लाती है। फार्मेशन लेजम, गुलाम। गुलाबी नाचती हुई आती है। नाना की बीवियाँ आती हैं। नाना उनके नाच में शामिल हो जाता है। भीड़ नाचना शुरू कर देती है।]

'श्री गजराज नर्तन करैं,
हम तो पूना के बाम्हन हरैं!
बाजैं मृदंग चढ़ि रह्यौं रंग
तिरलोक दंग, तिरलोक दंग–
श्री गजराज–।'

[परदा]

□□